O USO DO DESENHO NO TRABALHO CLÍNICO COM CRIANÇAS:
Teoria e Técnica

CB048919

O USO DO DESENHO NO TRABALHO CLÍNICO COM CRIANÇAS

Teoria e Técnica

Vanna Puviani

Tradução de Silvana Garavello

 Artesã

O uso do desenho no trabalho clínico com crianças - teoria e técnica

1ª Edição - 4ª Reimpressão

Copyright @ 2019 Artesã Editora

Diretor: Alcebino Santana

Coordenação Editorial: Michelle Guimarães El Aouar

Direção de Arte e Capa: Tiago Rabello

Tradução: Silvana Garavello *(Psicóloga e Psicoterapeuta Sistêmica de casal, família e individual.*

Especialista Clínica e Formadora;

Colaboradora e representante no Brasil do Centro Milanese di Terapia Della Famiglia -Milão)

Revisão: Sandra Dall´onder

Capa: Tiago Rabello

Diagramação: Andréa Esteves

159.964   PUVIANI, Vanna.

P994d   O desenho como instrumento no trabalho clínico com crianças: teoria e técnica. / Vanna Puviani; tradução de Silvana Garavello. ___ Belo Horizonte: Artesã Editora , 2011.

234 p.; 23cm.

ISBN: 978-85-88009-19-6

1. Diagnóstico infantil. - 2. Simbolismo. - 3. Psicologia clínica. GARAVELLO, Silvana.

II. Título.

IMPRESSO NO BRASIL
Printed in Brazil

📞 (31)2511-2040 🟢 (31)99403-2227

🌐 **www.artesaeditora.com.br**

📍 Rua Rio Pomba 455, Carlos Prates - Cep: 30720-290 | Belo Horizonte - MG

📷 f /artesaeditora

A meus filhos,
com a alegria de vê-los sorrir e rir

A meu marido,
com suas raízes, conheci minhas asas

SUMÁRIO

APRESENTAÇÃO

Laura Fruggeri[1]

O livro de Vanna Puviani ilustra histórias de meninos e meninas que começam cinzentas, pálidas, contraídas, e se tornam pouco a pouco coloridas, se iluminam de nova luz e abrem-se a novas e imprevistas direções.

Apenas isso bastaria para dar valor ao método que ela nos descreve e documenta, um método de cura que utiliza o desenho.

Entretanto, o método descrito não tem um aspecto apenas pragmático, mas provoca interessantes reflexões teóricas e indica inovadores percursos metodológicos.

O recurso do desenho no trabalho com as crianças não é novo. De fato, o desenho é frequentemente utilizado como instrumento diagnóstico, tanto na cura quanto na atividade expressional. Porém, a nova utilização, proposta por Vanna Puviani, é inovadora.

No método ilustrado neste livro, o desenho não é uma simples técnica terapêutica a ser aplicada, mas é linguagem, comunicação, relação, aliança, ressonância e participação emotiva. O desenho envolve, sim, a criança que é sua autora, mas também leva o interlocutor da criança a assumir o ponto de vista dela para inventar, criar, realizar histórias e narrativas que ajudem a criança, por sua vez, a acrescentar, completar, trazer elementos novos à história desenhada que a ajudam a entrever novos horizontes e, reciprocamente, auxiliam o interlocutor a conduzir a criança a novas descobertas de significados e possíveis graus de liberdade.

---

[1] **Laura Fruggeri,** psicóloga e Psicoterapeuta Familiar Sistêmica, é professora de Psicologia Social na Faculdade de Psicologia da Universidade de Parma (Itália) e diretora do Departamento de Psicologia. Entre suas atividades figuram diversos seminários e conferências realizados em Universidades e Centros de formação e pesquisa estrangeiros. É autora de numerosos artigos e ensaios sobre dinâmicas familiares. É docente do Centro Bolonhês Terapia da Família.

O desenho no método descrito por Vanna Puviani não é, pois, apenas um modo de levar a criança a se expressar, mas, sobretudo, um modo de estimular o adulto a se relacionar com a criança por meio de sua linguagem, de seu sentir, de seu ponto de vista. Assim, o desenho é uma solicitação à criatividade e expressividade da criança, mas também à criatividade e expressividade de quem tem a responsabilidade de ajudá-la a buscar ou resgatar o bem-estar.

Outro aspecto de grande interesse no método proposto diz respeito a seu contexto de aplicação. As histórias narradas nos falam de psicólogos e psicoterapeutas, mas também de professores, de pais, de companheiros de escola que, junto às crianças, são os personagens que colaboram para o desenvolvimento das histórias desenhadas.

A meu ver, o método elaborado e proposto no livro de Vanna Puviani enfatiza a dimensão relacional da intervenção de cura, e estimula os terapeutas em geral, a elaborar não somente novas linguagens, mas linguagens que deem espessura à dimensão relacional da interação terapêutica.

Trata-se de um método que, assim como foi elaborado e aplicado, não necessita de um setting rígido e formal, desenvolve-se no contexto de vida da criança, em família, na escola. De fato, na construção de sua relação com a criança, o terapeuta se vale da colaboração das pessoas significativas para a criança, aquelas que, em seu dia-a-dia, tem a seu lado.

Esta modalidade de aplicação tem interessantes consequências que vale a pena enfatizar. Antes de tudo, apresenta-se como um método não invasivo e, renunciando aos sinais formais do *setting* terapêutico, evita os riscos que podem acarretar o "ir ao psicólogo". A cura torna-se parte do contexto de vida e isso reduz as ansiedades ligadas à intervenção psicoterapêutica, fazendo com que as pessoas envolvidas se abram à experiência com menos defesas.

Vemos, então, pais que se tornam terapeutas auxiliares, mas também companheiros de estrada dos próprios filhos em um percurso que se torna, passo a passo, mais colorido e límpido; vemos professores que mobilizam os recursos da classe inteira em favor de um colega momentaneamente em dificuldade, e vivem assim uma experiência de crescimento tanto individual quanto coletivo; vemos estudantes, psicólogos, terapeutas, professores que oferecem a própria caminhada de aprendizagem a serviço de crianças que retribuem esta oportunidade de novas e inimagináveis aprendizagens.

Desse modo, a cura torna-se responsabilidade de todo o contexto no qual a criança está inserida e dela mesma, que, por meio da metodologia das intervenções propostas, transformará o contexto e encontrará a cura.

Aqueles terapeutas que pensam que a qualidade das relações do contexto em que as pessoas estão inseridas é fator fundamental para seu bem-estar, encontrarão sem dúvida, pontos de grande interesse no livro de Vanna Puviani, pontos que cada um poderá ou deverá readaptar ao seu âmbito de intervenção, mas que resultarão igualmente úteis para orientar a atenção à dimensão relacional e contextual das profissões de ajuda.

PREFÁCIO

O encontro com a obra de Nise da Silveira

Em minha viagem ao Brasil, ao Rio de Janeiro e Belo Horizonte, onde fui demonstrar meu método de cura da criança e do adulto através do Desenho, descobri a obra de Nise da Silveira.

Quem é essa profissional? Uma psiquiatra e psicanalista que, em 1946, cria, no Centro Psiquiátrico Nacional do Rio de Janeiro, uma seção de "terapia ocupacional" com ateliês de pintura, escultura, dança e teatro. As produções que nascem dessa atividade foram depois recolhidas ao Museu de Imagens do Inconsciente, uma "casa" desejada e criada para acolher e guardar para sempre essas criações como precioso patrimônio da humanidade.

O encontro com as atividades da doutora Nise me causou uma forte atração, como um relâmpago, como uma necessidade de conhecer mais e melhor a sua atividade, seu pensamento, sua revolução no interior da psiquiatria oficial. De fato, desde o início de sua atividade, ela rejeitava o eletro choque e a lobotomia, e segue as pistas teóricas abertas por R. D. Laing e D. Cooper, dois grandes precursores da antipsiquiatria que, inclusive na Itália, incentivaram importantes mudanças na forma de pensar e nas práticas. Ela estuda também a mitologia e a filosofia, e intitula este método de "Arqueologia da psique", segundo o qual os sintomas psicóticos são transformados em modalidades expressivas importantes para o paciente, aumentar seu autoconhecimento, importante para que o terapeuta compreenda o sentido da doença.

Através das imagens, o paciente pode mostrar e narrar o delírio. Desta forma pode transformá-lo através da narrativa, dentro de uma relação rica e complexa, incluindo a relação das suas imagens e o próprio terapeuta.

E qual é a força da doutora Nise? É a de ter um novo olhar sobre a doença e sobre o doente, e de abrir uma nova modalidade narrativa, na qual a história da vida e do sofrimento psíquico podem ser narrados através de imagens e símbolos e, em consequência, tornam-se conhecidos e podem ser "transformados".

Trata-se de uma narração que une pensamento e emoção, na qual o protagonista se torna primeiramente o guardião e, depois, o revelador de um saber misterioso que o leva a mostrar o invisível e a dizer o indizível, inconsciente de toda essa riqueza. A expressão artística é, pois, utilizada como meio de comunicação para acessar a interioridade dos esquizofrênicos.

Vi as imagens que seus pacientes produziram, as histórias que narraram, e li as reflexões que as imagens suscitavam na doutora Nise, sempre à procura de um sentido para esses desenhos.

O estudo das relações entre "arte e loucura" levou-a a encontrar Jung. E o que surge desse encontro? Que aqueles símbolos usados pelos pacientes seriam símbolos universais, temas mitológicos que permitem tornar visíveis os arquétipos do inconsciente coletivo, com todo o seu poder luminoso, podendo fascinar e interessar tanto quem os cria quanto aqueles que os contemplam. Então, a imagem se torna além de um meio de conhecimento, um possível instrumento de transformação, porque narra a história do sofrimento psíquico através da representação simbólica e arquetípica, ativando assim forças psíquicas autocuradoras também em pacientes com sintomas graves.

Eu me perguntei: por que esta curiosidade e atração assim tão forte pela obra de Nise da Silveira? A resposta é que encontrei incríveis correspondências entre sua atividade e pesquisa e as minhas próprias.

Em meu primeiro trabalho junto a uma organização psiquiátrica, também experimentei o uso do diálogo com as imagens dos pacientes, principalmente através do uso do desenho, para ver mais e, diferentemente, facilitar o autoconhecimento no paciente e orientar minha curiosidade a percorrer novos caminhos.

No início de minha atividade profissional, em uma organização que acolhia jovens psicóticos, deparei-me com as vivências de desespero, imobilidade, solidão e de silêncio que os pacientes me suscitavam; com isso, comecei a buscar formas de relações possíveis buscando nos estudos e na minha prática uma abertura dentro do espaço de escuta privado de pensamento, mas pronto a acolher o nascimento e o crescimento da relação.

Descobri que esse espaço tinha uma cor – aquela que os pintores consideram como uma não-cor: o branco. Branco do pensamento, branco das emoções, branco do sentimento. Este "vazio branco" foi o início, a condição para iniciar o caminho em direção a um "cheio de cores".

Para que aconteça um nascimento, deve existir um espaço de acolhida, aquele que, talvez, não tenha existido na vida desses pacientes, espaço vazio no qual possam emergir imagens da dupla paciente/terapeuta, da relação a dois, se é verdade que a psique humana se constitui na relação dual, com a mãe.

A folha branca, como um espaço potencial, uma espécie de área de transição onde não se projeta nem a dimensão do existe nem a do não existe, mas a dimensão funcional ao desenvolvimento, a do não é ainda.

Winnicott também afirma que o verdadeiro *self* é silencioso e isolado, em um estado de silêncio construtivo. O vazio silencioso e branco aparece, pois, como pré-requisito indispensável para o estar juntos, para a unidade psíquica, para a própria constituição do Eu.

O grau zero do psíquico, o branco, o silêncio, o vazio são os pontos de partida tanto para a constituição do Eu quanto para a tomada de posse do bom objeto. Quando este processo não ocorre, o objeto potencialmente ausente se transforma em um objeto invasivo ou em objeto morto que, ocupando todo o espaço, transforma a experiência do branco em uma angústia negra de anulação, buraco negro, sorvedouro depressivo de solidão sem fundo.

Então, o terapeuta deve conseguir transformar dentro de si a mesma morte, a mesma angústia que o paciente nele evoca, um branco de acolhida e de escuta, sem ceder à fuga ou à impotência.

Escutando os movimentos internos de meu mal-estar, de minha impotência, e auscultando minhas zonas mortas e dolorosas, saí à procura do modo para tornar transformadora a minha relação com o paciente psiquiátrico. Estás aqui e me fazes mal, e eu, colocada nessa condição de sofrimento, como a figura da ausência, presença casual, mas real.

Eu, terapeuta, como garantia de uma cavidade branca de escuta, que oferece um espaço branco potencial, um espaço em branco de uma folha: é exatamente no interior de uma cavidade vazia que pode acontecer a gestação, é ali que, por meio de algo que fecunda e dá vida, assistimos ao nascimento de uma imagem. A vida que se mostra, se faz visível, põe-se em movimento com um gesto, se colore, toma espaço, suscita palavras e narrativas.

Da ausência à imagem, e da imagem à palavra que a traduz, que a torna experiência de partilha: este é o meu percurso. A palavra torna aceitável qualquer imagem, por mais terrível que esta seja, porque nela está contido um elemento de distância do vivido, um "como se", um terceiro elemento e o seu poder simbólico.

É por meio da metáfora e do como se que a experiência de sofrimento e de "invisibilidade" acaba transformada: fala-se da imagem, e não da experiência da pessoa.

Diz Le Corbusier[2] que a primeira prova de existência é a de ocupar um espaço vazio e que, em princípio, ali estão o ato e o gesto. O gesto que preenche um espaço vazio e encontra o lugar para existir e deixar marcas.

Dar forma visível ao próprio sofrimento já é, assim, um ato de "presença" que, se reconhecida como tal, torna-se um ato terapêutico.

Não podemos fitar os nossos olhos com eles mesmos, mas temos necessidade da presença de um terceiro, por exemplo, um espelho; também a psique pode falar a si mesma e olhar dentro de si apenas em presença de um terceiro, de um tu como testemunha: a folha branca como tela das projeções, das imagens. Felizes são aquelas imagens que estimulam um algo mais de pensamento, que possuem uma forte potencialidade comunicativa. Falam com tão pouco!

Nas imagens, é possível expressar o excesso de sentido que a palavra não expressa quando uma urgência emotiva a emudece. Nesses casos, a imagem permite a expressão desses excessos graças à sua potência expressiva e sua potência transformadora, à sua potência criativa.

Assim, minha experiência nasceu na psiquiatria e, por quinze anos, recebi como dádiva tantas histórias, me detive nas mesmas, às suas imagens e suas palavras, e de cada uma delas surgiram novas intuições sobre a arte da cura.

Portanto, minha fascinação em descobrir que em outra parte do mundo, além do oceano, há apenas trinta anos após a minha entrada no mundo da psiquiatria, uma pioneira como Nise da Silveira tinha aberto o caminho da cura criativa, levou-me a homenageá-la e citá-la em meu livro, que trata da cura através das imagens; e assim

---

[2] Le Corbusier, pseudônimo de Charles-Edouard Jeanneret-Gris (1887-1965), um dos maiores teóricos da arquitetura do século XX. A principal contribuição de Le Corbusier para a arquitetura moderna consiste em ter concebido a construção de moradias e edifícios feitos para o homem e construídos na medida do homem: "só o usuário tem a palavra", afirma em *Le Modulor*, a obra em que expõe sua grande teorização.

me sinto honrada por esta presença e fascinada pelas marcas que ela deixou através do seu trabalho criativo com seus pacientes.

A prática que temos em comum é exatamente aquela relativa à utilização da expressão artística como meio privilegiado para tornar visível o inconsciente, ambas tendo Jung como inspirador e mestre.

A diferença dos objetivos, porém, está no fato de que ela privilegiou o produto e o estudo do desenho na pesquisa dos elementos universais que cada um deles mostrava, enquanto eu privilegiei o processo, e em particular o nascimento da relação paciente-terapeuta através da acolhida inicial com a folha branca e, depois, a narrativa mediante a imagem.

Em ambas as experiências, creio que se trata de um trabalho que se aproxima do sagrado, tal como o entende Bateson, isto é, do indizível, enquanto as transformações psíquicas que as imagens produzem e ao mesmo tempo revelam, sempre emudecem o autor e interlocutor, sem palavras, encantado e, de qualquer modo, curado.

Sou extremamente grata aos colegas[3] que me convidaram ao Brasil para que eu apresentasse a minha experiência, porque me deram a oportunidade de conhecer a experiência de Nise da Silveira, e assim criou-se um curioso sincronismo, para usar um termo junguiano, uma coincidência significativa na busca de percursos que buscam a cura através da ativação da criatividade.

Depois, minha experiência prosseguiu na neuropsiquiatria, com a riqueza adquirida na relação com os adultos-psiquiátricos e com a excitação de descobrir a riqueza da relação com as crianças que sofrem. Com elas, pude descobrir os segredos da cura. Tive, pois, o privilégio de dar a minha atenção através das folhas brancas da acolhida silenciosa a tantas crianças, para que elas colorissem várias centenas de histórias, e ainda hoje trabalho com a intenção de estar sempre à procura dos fatores terapêuticos presentes nas intervenções que privilegiam a utilização observadora do desenho.

O livro apresenta esta minha busca e algumas dessas intervenções, algumas escolhidas entre tantas, querendo ser um testemu-

---

[3] Silvana Garavello, Psicóloga Clínica, Membro da ABRATEF, Diretora da Clínica Social de Psicologia "Espaço Gente", em Belo Horizonte; Cynthia Ladvocat, Psicóloga Clínica, Membro docente da Sociedade Psicanalítica do Rio de Janeiro, Membro da Associação Brasileira de Terapia Familiar, com rica experiência sobre o tema das adoções.

nho e uma proposta de cura da criança, onde o curar possa ser um convite à cura da própria história, isto é, do próprio gesto e das próprias imagens. E também quer ser a resposta ao pedido de ajuda da criança que sofre, da criança que sofreu traumas. Creio que os eventos dramáticos possam ser expressos apenas em nível simbólico, e é exatamente a folha branca o lugar da salvação, onde ela pode refugiar-se para utilizar o gesto e as imagens que escolhe para desvelar sem dizer. A imagem como autorrevelação. A imagem que se torna exterior e pode estimular, por sua vez, a formação de novas imagens interiores, em um diálogo que se autoalimenta. A imagem que assume as funções desenvolvidas pelo terapeuta: um *partner* silencioso, o terceiro objeto da terapia, em um *setting* triangular que vê o paciente, o terapeuta e a imagem em uma dimensão comunicativa, rica de potencialidades transformadoras e alegres.

Faço votos de que a leitura da Segunda Parte do livro, que contém as histórias clínicas das crianças, nascidas do diálogo com a terapeuta que advêm, acima de tudo por meio das imagens, sirva de estímulo para novas reflexões a todos aqueles que estão interessados na melhor cura para o paciente.

Estas histórias são uma homenagem ao triunfo do amor sobre o sofrimento.

Vanna Puviani

INTRODUÇÃO

A entrada como a porta que se abre

O livro tem como objetivo apresentar um método novo de diálogo e de cura por meio da utilização observadora do desenho e, assim, oferecer novas perspectivas a crianças, pais, professores, educadores e terapeutas. Isso nos possibilita ver que é possível eliminar o mal-estar, com uma folha e um lápis, e entrar no bem-estar com dez folhas, tantas cores e muita imaginação, na busca das necessidades e dos sonhos, tornando-os todos visíveis.

O livro nasce da ideia de fazer contar histórias, primeiramente mudas, e de fazer ver histórias, antes invisíveis, para fazê-las existir. Elas são como ninfas que nascem da água estagnada, daquele indistinto lodo primordial, para se tornarem flores depois de abrirem-se à superfície e mostrarem-se ao mundo em sua beleza.

O livro abriga as histórias de muitas crianças, suas histórias de vida, narradas com o desenho e palavras, e transformadas por essa mesma narração, pelo fato de começarem a existir, de terem nascido. Abriga as experiências de muitos profissionais que, como parteiras da alma, fizeram nascer essas histórias, fazendo-as sair da dor do indistinto e entrar no prazer de serem reconhecíveis, com sua própria forma e identidade.

O livro resulta de um trabalho de pesquisa que teve como objeto a observação de muitas e muitas centenas de desenhos de crianças, que narraram, se conheceram e se divertiram com tal atividade. E todas essas crianças tinham e têm em comum um único desejo, que às vezes mais se assemelha a um sonho: o de encontrar a própria casa, o calor dos próprios afetos e a cor dos próprios objetos. Uma casa a ser encontrada ou reencontrada, uma casa perdida, às vezes destruída, uma casa para reconstruir e habitar.

Porque nossa casa é o nosso Eu, é a nossa expressão, é a representação exterior de nosso mundo interior. Para isso é vital poder habitá-la e nomear ou recordar.

O livro se apresenta como uma casa: tem uma entrada e diversos cômodos, todos a serem habitados por nossos protagonistas, a serem mobiliados e coloridos, e existem portas e janelas para comunicar, para fazê-los entrar quando se dispersaram lá fora, para fazê-los sair quando são prisioneiros. E esta casa possui até um jardim à sua volta: uma metáfora do dentro e do fora que se encontram, a intimidade e a imensidão que se reencontram mediante o reencontro da própria história.

O livro possui muitos cômodos e cada um deles tem sua história.

Na entrada, está a Apresentação e a Introdução ao assunto, para saber se estamos na casa certa.

Na cozinha, já se pode ver e ouvir: ali se narra como nasceram as histórias, como foram construídas e como podem transformar jovens vidas, dando formas personalizadas a materiais informes. Esse cômodo é um pouco como um laboratório onde se criam as esculturas, únicas e diferentes, e se aprendem os segredos para animá-las.

Na parte mais íntima da casa, que é o quarto de dormir, podemos reencontrar nossos amores e nossas paixões, que têm como resultado a "criatividade". E podemos assistir ao nascimento do menino e da menina que nós fomos e que encontraremos ao longo de nossa estrada, por meio dos filhos, dos alunos ou dos pacientes. Veremos as primeiras curas afetuosas, que reconheceremos, e o crescimento, veloz e movimentado, de nosso pequeno artista que, com uma canetinha na mão e um pincel na outra, dará voltas por toda a casa, deixando traços de si mesmo; no início com rabiscos incompreensíveis e, num segundo momento, com casas, árvores e solo, até nos mostrar suas histórias a serem contadas. E, por meio do desenho, ele se apresentará a nós nas diversas fases de seu crescimento, no Capítulo 2.

Agora, toda a casa pode ser conhecida e revisitada, se ficarmos curiosos em relação aos objetos que ela contém, e os móveis que escolhemos para embelezá-la e para nos embelezar, imaginando mostrá-la e descrevê-la a um confidente muito querido por nós.

E depois de estarmos mergulhados na intimidade da casa, podemos sair à procura da imensidão do mundo, a ser conhecido e habitado, mediante um símbolo, escolhido entre tantos, e que melhor representa a grande extensão: a água.

Os dois símbolos – a casa e a água, o dentro e o fora – são ilustrados no Capítulo 3.

Posteriormente, podemos observar tanto o interior quanto o exterior de nossa casa, procurando o prazer das cores presentes, que escolhemos ou que suportamos, que vemos ou não vemos, mas sentimos. E temos as cores do dia e da noite, o escuro e a luz, e todas as cores da natureza que nos circunda, que nos comunicam e transmitem sensações, emoções e pensamentos. O Capítulo 4 é importante para que tomemos consciência dos efeitos que a cor produz sobre nós, para poder escolher uma vida mais colorida, um jardim mais personalizado e emoções mais intensas.

No fim dessa visita dentro da casa e fora da casa, termina a PRIMEIRA PARTE do livro – isto é, a parte teórica, a moldura na qual iremos, depois, colocar e pintar as histórias. Esta é a parte dirigida aos adeptos dos trabalhos e aos curiosos. Essa leitura pode ser suprimida, sem com isso comprometer o prazer da leitura da segunda parte.

A SEGUNDA PARTE contém as diversas histórias trazidas pelas crianças, que coletamos neste livro. Aqui, a seguir, apresento-lhes os hóspedes dessas casas perdidas e reencontradas ou reconstruídas. Cada hóspede é como um dono à procura de sua propriedade, dentro e fora da casa.

O livro tem muitas crianças, muitos hóspedes. Cada um deles nos faz conhecer e nos acompanha na visita à própria casa e aos próprios afetos, aqueles que cada um, a seu modo único, vai procurar e encontrar.

Nesta segunda parte do livro, serão apresentadas histórias de crianças e de jovens, narradas por eles mesmos por meio do desenho e da narração escrita, a partir de determinadas solicitações do condutor.

São histórias que se iniciam com imagens que estavam como que na sombra dentro do paciente, desconhecidas, e depois, pouco a pouco, saem, tomam luz, cor e uma direção. Tornam-se uma trama e, no fim, põem-se em movimento em páginas para folhear, contemplar e mostrar. São histórias que tomarão forma e encontrarão morada em um pequeno livro que, no final do percurso, é dado à criança-autor.

Cada história será narrada, em cores, pelo pequeno protagonista e, depois, pode ser vista e pintada, narrada e musicada pelo condutor, aquele adulto que terá aprendido a ver com os olhos curiosos da criança e aprendido a criar a cor e a dar forma.

Muitos personagens desfilarão: o prepotente, o rebelde, o rancoroso, o raivoso, o mudo, o isolado, o insultante e o provocador...

Procuraremos dar importância ao *self*, irrealizado e bloqueado, e prosseguiremos com curiosidade para ver as relações intricadas ou confusas que ele nos apresenta com seu sintoma, antes, e com seu desenho, depois: duas formas de linguagem, de denúncia ou de súplica. Procuraremos, além disso, liberar toda a vivacidade, a tristeza, a raiva, a frustração, a doçura que ele nos mostra, tudo aquilo que serve para favorecer, na criança, o reencontro de si mesma, de seus afetos e de sua casa. E ajudaremos também a criança a ser reencontrada pelo adulto, pais ou professor, que pode passar a não ter mais medo desse "monstro" incompreensível e incontrolável.

Com a TERCEIRA PARTE do livro, voltamos à nossa metáfora da casa para dizer que o jardim poderia ser o espaço da criatividade, ocupado por jovens alunos, psicólogos e psicoterapeutas, estudantes e formandos, que se aproximaram das cores e dos desenhos, para descobrir-lhes o valor comunicativo, e já não conseguem mais deixá-los de lado. Este é o percurso formativo, a ação e a formação.

Todos os casos aqui apresentados possuem em comum uma circunstância, representada pelo fato de que são sempre os estudantes ou os terapeutas, no decorrer de um curso de formação programado ou de um laboratório ou tese universitária, que tiveram o contato direto com a criança, no contexto familiar, escolar ou social, enquanto eu, com o grupo de trabalho, acolho as propostas, proponho o método e busco criar as melhores condições para estimular a criatividade de cada aluno e do grupo, condição necessária para reconhecer e estimular a criatividade das crianças.

Ativa-se um diálogo entre o grupo de trabalho e a criança, que está presente apenas por meio de seus desenhos.

A cura de que se fala é uma cura estética, no interior da qual a beleza, em suas várias acepções, é tanto o objetivo quanto o meio. E agora o terapeuta-artista vai ativar, no grupo, a sua criatividade para reconhecer e apreciar a criatividade de outrem.

E fecho com as conclusões e duas metáforas musicais que servem de fundo a toda a obra. A abertura de cada história com a Quinta Sinfonia de Beethoven, e o encerramento com *Il cielo in una stanza* [O céu em um cômodo], de Gino Paoli.

Em síntese, as três ideias-guia que perpassam todo o livro são:

A ideia do desenho como cura, isto é, a utilização do desenho em sua função narrativa, no interior de um arco de cerca de dez desenhos, com um início de história, um desenvolvimento e um final. Trata-se de uma narrativa analógica, por imagens, que deixa ver suas tramas, em movimento. Trata-se de uma narrativa ecológica, que respeita e utiliza o mundo interior da criança e a visão do mundo exterior que ela mostra.

A ideia do desenho para transformar histórias de vida, isto é, de utilizar esta modalidade comunicativa para construir, com a criança, histórias ilustradas que as tornam visíveis, e por isso mesmo, modificáveis por ela. A criança torna-se artífice da própria cura, para dizê-lo como Bateson. Ela encontra e mostra, e depois isso mesmo é transformado por suas soluções curativas, se tomado no contexto adequado que pode permitir a cura.

A ideia do desenho para criar e transformar relações, que o adulto inicia com o gosto de procurar a história a se fazer nascer, e prossegue com o gosto de ver aquilo que a criança nos mostra – seus dramas e suas soluções únicas –, e termina com o gosto de uma história nova, a sua história. Para a criança, o êxito está em transformar também os papéis de quem está à sua volta: pais, professores e companheiros, e redesenhar novos equilíbrios, porque esse é o efeito da criatividade.

Sempre existiram as fábulas da noite que, como pais, contamos para acompanhar nosso filho no mundo dos sonhos, longe dos pesadelos.

Agora, nos dedicamos a construir as fábulas do dia, para despertar o sonhador do sonho e ajudá-lo a construir um mundo novo, onde o pesadelo deixe de existir.

Nos dois casos, o ato de narrar é útil para suavizar a passagem da vigília ao sono, e do sono à vigília.

Para quem é este livro?

Para os estudantes que estão se formando e que trabalharão no campo da educação, a fim de que saibam reconhecer a criatividade própria e a dos outros, e o prazer de pô-la em jogo para criar uma comunicação eficaz, por meio dos símbolos, das cores, do desenho.

Para os terapeutas que à procura das próprias cores com as quais pintarão sua vida profissional, em busca do método útil para despertar as cores nos próprios interlocutores. Aqui encontrarão histórias coloridas.

Para os pais curiosos em conhecer as relações que os próprios filhos têm com a casa, com os objetos e com o mundo, e curiosos em ver a si mesmos em relação aos filhos. Porque desenhar significa exatamente ver e tornar visíveis proximidades e distâncias, geometrias antes obscuras. Significa ver os problemas e encontrar as soluções.

Para todos aqueles que estão à procura de lentes para ver na vida as maravilhas da criatividade: todas estas histórias possuem um fio que as liga, e isto nos diz que agora se pode crer na força da cor, da poesia e da música, na força da arte, uma força que transforma. São todas elas histórias de final feliz.

O sofrimento bloqueia, tolhe os movimentos e a continuidade. É como se o tempo parasse. O final é feliz porque confirma que as coisas continuarão andando, e que ao congelamento do inverno há de se seguir a floração da primavera.

PRIMEIRA PARTE

O LIVRO É COMO UMA CASA COM MUITOS CÔMODOS: CADA UM TEM SUA HISTÓRIA

A casa é o nosso corpo maior.
Gibran K. GIBRAN

CAPÍTULO 1

A cozinha
A história como alimento da alma

- **O nascimento destas histórias**
  Para podermos reconhecer o problema e a solução

- **A construção destas histórias**
  O método de trabalho

- **O desenho para transformar as histórias de vida**
  Das histórias na sombra às re-histórias coloridas

O nascimento destas histórias

Um diamante é para sempre, costuma-se dizer. Também uma história é para sempre, digo eu, sobretudo se é a tua história, que sempre recusaste, reencontrada em meio a tantas que te foram propostas, agora redesenhadas com as tuas formas e teus temas e coloridas com tuas emoções.

Esta é a história de tantas crianças que bateram à nossa porta, acompanhadas de um pai à procura da aceitação ou de um professor em busca de compreensão. São crianças que se "viram" fora de casa e estão procurando um lugar tranquilo para descobrir a quê e a quem pertencem. Continuam batendo em portas erradas e correm o risco de se congelar. Ou então são alunos que se perderam e se movimentam dentro da sala de aula, andando debaixo dos bancos ou sobre as carteiras, mas sempre e continuamente se procuram e não conseguem fazer as coisas certas.

Em todos os casos, são crianças em movimento – em busca da própria história, da própria casa e dos próprios afetos – e, com o movimento, sabemos que ninguém se congela.

Eis a cura que elas encontraram: o movimento frenético, o grito e a agitação.

Eis a cura que nós propomos: oferecemos a elas o espaço íntimo da folha para desenhar, uma após a outra, e cores com as quais podem se mover, se preencher e abrir espaço para o mundo. Nós as tomamos pela mão e as levamos a passear pelo bosque à procura da própria árvore com suas raízes únicas, seu próprio animal e a própria natureza selvagem; acompanhamo-las até o ponto em que o rio assinala as próprias origens para, depois, escorrer tranquilo – ou transformar-se em uma cachoeira impetuosa – chegando por fim ao mar; nós as levamos a acionar o próprio movimento vital e a encontrar a própria barca, ou então a passear nos amplos espaços dos céus, procurando o próprio ninho e seu próprio voo livre; ou ainda, vamos acender fogueiras para liberar os movimentos rígidos ou festejar afetos reencontrados.

Assim, giramos pelo mundo em busca do movimento certo – isto é, o movimento delas – tentando seguir suas instruções, porque elas podem ser tipos de Terra ou de Água ou de Ar ou de Fogo. Devemos procurar ver os símbolos que se apresentam para bem utilizar seus sinais e levá-las para sua casa.

A certo ponto, acontece o reencontro com sua história e nós o percebemos – e os pais o percebem, e também os professores – porque o grito se transforma em canto, o frenesi, em música e a agitação, em dança.

E essas crianças reencontram os próprios afetos, reencontrando as próprias paixões e as próprias origens, e recuperam seu próprio lugar no banco e na classe de protagonistas, reencontrando o espaço entre as filas de carteiras para se fazerem entender e, depois, decidirem caminhar além.

Eis a cura que elas reencontraram: encontraram de novo sua história, com seus símbolos e suas cores, e com suas soluções.

Essas histórias encorajam a não se dar por vencido, porque cada uma delas nos mostra a própria solução para sair da cor negra inicial, das trevas, do sofrimento da não-vida. O preto, sabemos, é a imagem daquilo que está morto.

O carbono pode apresentar-se como carvão, opaco e negro, ou como diamante, transparente e claro, tal como uma história pode apresentar-se negra e triste, mas também pode revitalizar-se e ganhar luz das próprias cores e cintilar.

Eu tenho o prazer de poder contar. Cada uma destas histórias é uma pessoa viva que lhes apresento com suas relações transformadas, e faço votos de que a sua leitura seja o seu prazer, para entrar neste círculo humano e fazê-lo crescer.

A construção destas histórias

Os desenhos podem ser examinados a partir de variadas perspectivas – evolutiva, projetiva, narrativa, artística etc... todas elas presentes em cada produto.

Passaremos a ver o desenho em seu poder expressivo. Por meio de seu desenho, a criança nos fala, nos informa, nos solicita e nos responde. Assim também todo artista, diz-nos Leonardo da Vinci, quando representa uma figura humana, apresenta a si mesmo.

A infância, que está exatamente nas raízes de nosso ser, e com cujos olhos olhávamos o mundo há tempos, escapa-nos a tal ponto que, para compreender os desenhos infantis, não nos é suficiente olhar para eles, mas devemos estudá-los. Aquilo em que nos tornamos es-conde-nos o que teríamos podido ser e trazemos dentro de nós, como um velho retrato; mas o mundo está cheio de crianças, de mentes vivas e inteligentes que podem fazer-nos recuperar com seu talento o sentido da vida, para que ao nos aproximarmos delas, não sejamos nós mesmos a destruí-las.[4]

A partir do momento em que a criança, no desenho, nos fala de seus problemas, de suas descobertas, de suas ansiedades, pode-se considerar o desenho com o duplo significado de formador e revelador de personalidade.[5]

Para que possa ser também revelador da vivência interior, é necessário que seja colocado, reconhecido e interpretado num setting terapêutico. Proponho aqui, em síntese, o método de trabalho: as sequências comunicativas que adotamos e o setting terapêutico que vamos criar.

A atividade se desenvolve no interior de Cursos - "Que estou vendo em um (de)senho? O desenho para comunicar sonhos e neces-sidades" -, que há vários anos organizo para quem pretende utilizar o desenho na relação terapêutica ou na relação educativa, facilitan-do a comunicação adulto-criança. Os contextos são os Centros de Psicoterapia, Universidade, escolas e o Serviço de Saúde. Em cada curso, com cerca de doze alunos, são escolhidos três casos com os quais trabalhar, propostos por três diferentes participantes, que se tornam as referências para a criança e para o grupo de trabalho.

E se realiza um diálogo entre o grupo de trabalho e a criança que está presente apenas em seus desenhos.

O método

No primeiro encontro, faz-se à criança ou ao jovem o pedido de dois desenhos livres, um a lápis e um em cores. É muito importan-te esta primeira declaração do garoto que abre o diálogo terapêutico: nós oferecemos ao garoto o espaço de uma folha; ele concorda e deci-de narrar aquele problema a alguém, com o lápis e com as cores. Daí se inicia, no grupo, nossa observação de dois desenhos livres. O que

---

[4] Oliviero Ferraris A. *Il significato del disegno infantile*. Torino: Bollati Boringheri, 1990. p. 172.

[5] Ibidem, p. 13.

nos traz o garoto? O que nos mostra? Quais são as imagens mentais nas imagens desenhadas? Qual é história? Qual é o problema? E que recursos nos deixa ver?

Com a situação inicial, passamos a ver a trajetória, o ponto de partida, a descrição de si mesmo que o garoto faz por meio da representação gráfica. É como se ele dissesse: "Aqui está quem eu sou, eis como me vejo".

E começa aqui o intercâmbio de imagens. Ele nos oferece as suas imagens, nós lhe propomos as nossas imagens, escolhidas. De fato, com a proposta de novos estímulos, é como se lhe disséssemos: "Veja como pode ser também; veja que outras coisas você pode ver de você mesmo e descobrir..." E decidimos um rumo a tomar, com temas, isto é, símbolos, de modo a propor, em um ciclo de cerca de dez desenhos, o ritmo semanal. Solicitamos um desenho com um título bem determinado, que penetra rapidamente em seu imaginário e, como um pedregulho que cai no charco, vai perturbar a quietude anterior, até atingir certa profundidade.

Depois, pouco a pouco, esse tema sai, com o gesto, e toma forma com as cores sobre a folha. E esse tema, pintado, torna-se visível à criança. Está, agora, fora dela: o medo se foi – se era esse o tema – através de um animal tomado em empréstimo para esse fim, ou então a alegria saiu através de um tema com o qual a criança vai desenhar uma paixão sua. Ou ainda, pode-se chegar a reconhecer e preencher o vazio e o sentido de imobilidade, procurando propor temas sempre desejados. E prossegue o percurso. A partir desse intercâmbio de imagens, são acolhidas, a cada vez, as imagens que o garoto tem de si mesmo, que ele nos expressa com seu desenho; são propostas novas imagens alternativas – ou mais amplas – com a sugestão deste ou daquele símbolo, isto é, de uma nova determinada mensagem. Sempre à procura de outras descrições de si, de seu problema e de suas soluções, o garoto pode trazer, pouco a pouco, através de novos pontos de vista, novas possibilidades de exploração e novas imagens. E começa a transformação. As possíveis descrições tornam-se numerosas, e vamos descobrindo-as passo a passo, por meio de cada desenho, por meio do sim e... depois? E... depois?

Constrói-se o diálogo e logo surgem novas redescrições de si: desde o primeiro momento, desde o início do diálogo com nosso interlocutor, cria-se uma situação de expectativa do garoto – "Que me levarão a fazer hoje?" – e de expectativa do terapeuta – "Que coisa me trará hoje?" – em um contexto bem definido, que dá um sentido preciso à sequência comunicativa, fora do qual palavras e desenhos não teriam o mesmo significado e a mesma força comunicativa.

Nesse contexto, o terapeuta é o próprio grupo de trabalho, em sua polifonia e variedade de pontos de vista e de propostas. Onde está a mudança? Partilho do pressuposto de quem pensa que a potencialidade da mudança reside nas emoções. A comunicação por meio do desenho passa principalmente pelas emoções: as emoções que suscita no garoto e as emoções que suscita em nós. É como se o desenho nos levasse a olhar as coisas com os olhos da criança, e o resultado é um grande envolvimento e grande aproximação emotiva. Conclui-se o percurso, após cerca de dez semanas (que coincide também com a duração do curso) com a solicitação de dois desenhos livres, para vê-los em relação aos primeiros com os quais se apresentara. Habitualmente, é logo evidente a diferença com respeito ao traço, aos cheios, aos vazios e à riqueza dos temas.

É como se ela se pusesse a ativar o natural processo de autocura dentro do contexto adequado, isto é, a circunstância organizada para esse objetivo.

O trabalho com o desenho é uma relação

Trata-se de fazer alguma coisa a dois, em um jogo de perguntas e respostas, em atmosfera de grande expectativa recíproca, governada pela imprevisibilidade que sempre suscita grande maravilha. A comunicação eficaz é aquela que ajuda o garoto a realizar a narrativa de si mesmo, do modo mais rico e mais seu, e nos ajuda a aprender como fazê-lo.

Nossa tarefa não consiste apenas no diálogo com o garoto. O terapeuta que escolheu entrar em uma família, fazendo um contrato com aqueles pais, com as solicitações que, de tempos em tempos, faz à criança por meio dos dez desenhos, provoca profundas mudanças na própria criança e também no sistema. É como se o profissional estivesse simultaneamente fora e dentro do sistema. De fora, como um observador que olha com um crivo teórico de referência e tem objetivos a atingir; por dentro, já não sendo mais uma presença neutra, mas ele mesmo influencia e é influenciado pelo sistema escolhido, quer se trate do sistema família, do sistema classe ou de um grupo.

Ser visto para ser reconhecido

O que acontece de importante nesses sistemas de relação, família, grupo ou classe? É que o garoto é visto e, por isso, reconhecido.

O seu desenho é visto: por ele, por nós, pelos colegas, pelos familiares. Posteriormente, solicita-se outro desenho. Ativa-se um diálogo visível e cheio de expectativas e de reconhecimentos. O garoto pode usar o desenho para se fazer ver, e não somente os seus comportamentos estranhos e difíceis.

A história da criança redesenhada pelo adulto

Este processo é, em seguida, retomado pelos terapeutas que vão escrever ou desenhar ou musicar a história a ser devolvida à criança. Esse trabalho tem o objetivo de utilizar e marcar os temas e os símbolos que pareceram importantes para ela: são retomados pelo adulto e restituídos a ela de modo amplificado.

Além disso, aos olhos da criança esses temas-desenhos são vistos pelo adulto, apreciados, valorizados e retransformados, dentro de uma nova trama, que se torna interessante através da poesia ou da fábula, da canção ou do próprio desenho, que irão ilustrar a história do garoto.

Mudança de pontos de vista

O último encontro é como uma festa que se conclui com essa troca de presentes! Com essa troca de histórias! O resultado é sempre de grandes emoções tanto para os garotos quanto para nós, adultos.

Cria-se uma história de cada garoto acolhido, a sua história, que se conclui com um livro, o seu livro, que tem o seu título e lhe é devolvido. O livro contém a história desenhada e escrita pelo garoto – com seus comentários aos desenhos e suas emoções – e as histórias narradas, desenhadas, musicadas e pintadas pelos terapeutas.

O seu livro entra em casa e está todo pronto para ser folheado, refolheado e partilhado com os familiares.

O desenho para transformar as histórias de vida

Vimos, no parágrafo anterior, o método de trabalho que se refere ao conteúdo, aquilo que iremos fazer. Agora, passaremos a ver a parte do método que diz respeito ao processo e a como procuramos pensar e atuar.

Como usar o desenho para transformar histórias de vida?

Em uma primeira fase, acolhemos os pedidos de ajuda dos adultos que nos trazem as crianças com os seus sintomas e os seus dramas. Eles podem ser os pais, os professores, os colegas psicólogos ou os médicos.

Escolhemos trabalhar com aquela criança, em separado ou no seu contexto de classe, de acordo com a ideia de que um sistema pode sofrer transformações a partir de qualquer uma de suas partes.

Trata-se de individuar naquele contexto o ponto sistema[6] mais favorável sobre o qual agir para obter as mudanças desejadas.

Em uma segunda fase, começamos a nos perguntar como poder ajudá-la a devolver o significado à sua existência, trabalhando sobre aquela parte do sistema que a criança ocupa e encarna, para restituir-lhe força, protagonismo e confiança em si mesma, a fim de que possa escolher caminhos diferentes do caminho do sofrer, que mortifica e causa dor.

Em uma terceira fase, começamos a receber os seus desenhos e nos questionamos: como estimular os recursos que a criança necessita para enfrentar e superar os problemas de sua vida? Como estimular a sua imaginação?

Minha hipótese é a de que ela tenha necessidade de ideias e de imagens novas para dar uma ordem diferente à sua vida.

E agora, eis a resposta: a criança pode recontar-se por meio das imagens que tomam forma no desenho, e pela palavra que o mesmo desenho suscita. Assim o seu mundo interior pode começar a sair e tornar-se visível.

Esta é a primeira porta que iremos abrir, importante para colocar a criança em contato com os dois mundos, o de dentro de casa e o de fora de casa. Esses dois mundos podem começar a dialogar e a se transformar.

Este é o primeiro gesto: a mão que desliza sobre a folha é como a mão que abre uma porta. Podemos imaginar o gesto da mão que abre a maçaneta da casa, para entrar e para sair. Deste momento, nasce o movimento e tudo se faz possível. Este é o processo. Eu o vejo assim.

A seguir, trata-se de individuar os movimentos e os caminhos adequados, os temas e símbolos úteis, a fim de que nosso protagonista encontre o seu espaço e o seu tempo. Estes são os conteúdos do

---

[6] Foi Mara Selvini Palazzoli que nos sugeriu esta ideia. Nascida em 1916 e falecida em 1999, psicoterapeuta, fundou em Milão o Centro para Estudo da Família e deu contribuições fundamentais para a pesquisa sobre a terapia familiar.

trabalho. O que nós fazemos? Passamos a construir fábulas. Junto com a criança, vamos conhecer e construir a sua história única.

Como nas melhores fábulas, existe um início com uma situação problemática: a criança se encontra diante de alguma grande dificuldade. Muitas dessas dificuldades são resumíveis a um tema determinado que, como sabemos, é aquele de ser expulso de casa. Uma experiência vivida de maneira muito dolorosa para a criança, até mesmo por todos os perigos e imprevistos que pode encontrar fora de casa, embora saibamos que o crescimento e a autorrealização ocorrem fora de casa.

Existe também um durante e, agora, é necessário que a criança encontre seus recursos para suportar a dor e encontrar as soluções. É preciso que ela encontre sua identidade pessoal para poder voltar para casa, transformada, para reconhecer a intimidade da casa, os afetos da família, depois de ter explorado e conhecido a imensidade do mundo, isto é, depois de ser conhecido. Um pequeno Ulisses que vai encontrar a força da imensidade dos mares, cheio de ciladas e de recursos, contando apenas consigo mesmo, com sua potencialidade infinita e com a descoberta de suas capacidades, anteriormente nascidas. É como se pudesse aprender a navegar a vida, ao lado de sua curadora ou curador que lhe oferece as melhores condições, isto é, um contexto adequado, instrumentos úteis e um encorajamento seguro: você consegue.

E existe um final, onde nosso jovem marinheiro pode descobrir que as ondas e o vento não são apenas obstáculos, mas podem ser também forças motrizes: o bravo skipper utiliza as ondas e o vento para fazer o barco navegar e chegar ao destino.

Trata-se de uma individuação de rota inicial, que a criança fornece a seu terapeuta, para se preparar, depois, para caminhar sozinho, com seu "Eu" timoneiro reencontrado e reconhecido.

Esta é a nossa aposta: reconduzi-la a casa, com a mala cheia de novas experiências, com as quais irá viajar pelo mundo.

De fato, a casa contém as potencialidades. É como o azul-escuro da noite. Ao contrário, o mundo exterior, que estimula a ação e a luta pela independência e pela autoafirmação é como o amarelo do dia.

Para crescer, temos necessidades de ambas as dimensões, que o verde envolve, de fato, contendo tanto o azul quanto o amarelo. É a integração entre essas duas exigências contrárias que permite um crescimento harmonioso: verde mesmo!

Com as histórias, com os símbolos e com as cores, vamos fazer esta viagem de integração dos dois mundos! A intimidade da casa e a imensidade do mundo são os dois temas a serem integrados, e passaremos a visitá-los, utilizando os símbolos que possuem o poder de ativar simultaneamente o mundo interior e o exterior.

Assim, iremos conhecer e construir a história de nosso jovem protagonista – que acabou fora de casa, a contragosto – a fim de que possa desfrutar o melhor possível de sua condição de viajante, excursionista, explorador, turista ou marinheiro.

Caberá a ele mesmo indicar-nos o papel escolhido para sua aventura e a paisagem-contexto que lhe serve de fundo. Dali, partiremos nós.

Daquele momento – isto é, desde o início – nós decidimos sair do mundo concreto do cotidiano e começamos a explorar mundos exteriores que ativam mundos interiores, e tomamos de empréstimo temas, personagens, cores, gestos e movimentos da mão, que imprimem sobre a folha tantos fotogramas quantas são as cenas da história que a criança nos mostra.

Ela pode fantasiar que é um herói capaz de escalar até o céu ou de vencer gigantes. Pode tornar-se a pessoa mais forte e mais bela e, assim, nutrir-se de força e de beleza.

A criança sempre o encontra em certo ponto da história: o seu símbolo, sua "testemunha socorrista"[7], seu caminho de saída. Nós, terapeutas, devemos apenas vê-lo.

Assim que ela experimenta o reencontro com sua dor, de vê-la e senti-la, vai adiante e caminha para as fendas de sua vida. E voa.

A partir desse momento – desde o caos em que tudo lhe parecia confuso e obscuro –, é como se nosso protagonista começasse a fazer experiência com suas forças pessoais que lhe trazem ordem e movimento próprios dele mesmo, os quais lhe dão repouso.

Creio que tudo isso seja possível porque ocorre de modo simbólico, poético e colorido, no interior de um jogo em que se é capaz de dizer até o indizível, e no interior de uma relação, bem-estruturada, na qual os tempos e os modos da criança são estimulados, observados e respeitados.

---

[7] MILLER, A. *Il dramma del bambino dotato e la ricerca del vero sé.* Torino: Bollati Boringheri, 1999.

Esta se torna a sua história colorida, desenhada e narrada. É a sua maneira de enfrentar seu problema, com suas soluções e suas magias.

Depois de descobrir que as mesmas personagens podem ser utilizadas para personificar tanto a ferocidade quanto a bondade – por exemplo, um animal pode ser um devorador de crianças ou um salvador de crianças; o lobo pode ser aquele que dá medo, mas também a força e a coragem –, a criança escolhe sempre o seu animal, aquele mais apropriado como curador e companheiro de viagem: um peixe, um golfinho, um gato, um lobo...

No final de todo sonho, nosso herói volta à realidade, às relações, mas com recursos ampliados, com um alimento necessário para reconhecer os afetos do passado e a tensão de crescimento em direção ao futuro. Este é o nosso final feliz: a retomada do movimento, o reiniciar de outra história.

Outro resultado que verificaremos habitualmente é o divertimento: o prazer de desenhar, o prazer de ver e fazer ver o próprio desenho, o prazer de se contar, o prazer de tomar forma e morada em um livro que, como eu disse, tornar-se-á o seu livro, com o seu herói, com a sua história, com as suas aventuras e com o seu título, tudo criado por ele.

Trata-se de um livro que, quando fechado, pode ser aberto: páginas vazias ou páginas cheias que podem ser folheadas, primeiro para serem preenchidas e, depois, para serem lidas e relidas em companhia. É como uma história que estava muda e que ganha voz das narrativas que os desenhos ilustram e explicam. É uma história que, antes anônima, torna-se reconhecida como própria e acaba assinada! Muitas vezes, os desenhos terminam a própria assinatura!

Acontece habitualmente que, encontrando a própria fábula, eles não a abandonem mais. E aquele livro, com todas as aventuras experimentadas durante a viagem, entra em uma casa para fazer parte de uma família. Ele ativou o imaginário da criança e pode ativar o imaginário do adulto. Pode ser um elemento perturbador que não modifica situações, mas modifica a visão das situações. Ou ainda, aquele livro pode entrar em uma classe para recolher os símbolos que, individualmente, os estudantes mostraram, para tornar-se, a seguir, um patrimônio coletivo cheios de problemas desenhados e de soluções tornadas visíveis. O livro pode ativar os recursos anteriormente nascidos dos protagonistas, mas pode ativar também novos otimismos nos professores.

Temos muitos livros de fábulas e de histórias escritos por adultos, mas neste contexto pretendo demonstrar a função curativa que possuem as histórias reais e narradas por crianças, e não para as crianças.

As crianças são os autores e os que desfrutam de suas histórias, que narram para nós com o desenho e com as palavras. Por meio das histórias, mostram-nos pensamentos, emoções e as relações que elas têm com os objetos e com as pessoas.

Em um segundo momento, o terapeuta toma emprestado os temas mostrados pela criança e vai ele mesmo construir uma história na qual a criança – ou o professor, ou o pai – possa reconhecer-se, e da qual possa extrair novos símbolos para encontrar novos significados.

Aqui estão as histórias que nos trazem os garotos e as re-histórias que os terapeutas vão redesenhar e reescrever, com divertimento, sabedoria e admiração deles e nossa.

Compor histórias com esses jovens protagonistas tem a intenção de ser também uma maneira de fazê-los sentirem-se mais importantes, e o recontá-las, como uma cantora, em voz alta, um modo de fazê-las sentirem-se imortais, a fim de que, tornando-se personagens da narrativa, possam continuar a curar.

As histórias recolhidas neste livro são algumas, escolhidas entre muitas, mas também é como se todas as outras tivessem entrado no livro, se pensamos nelas como obras que curaram e agora estão vivas, junto a seus autores. Agrada-me imaginá-las assim.

CAPÍTULO 2

O quarto
As origens da vida física e da vida simbólica

- **O nascimento da expressão simbólica na humanidade**
  Os símbolos para se ver a beleza da harmonia

- **A palavra como símbolo**
  O nascimento desta poesia

- **A utilização do símbolo em Freud, Jung, Winnicott e Bateson**
  Os símbolos para curar as desarmonias

O nascimento da expressão simbólica na humanidade

Qual é a origem e a função do símbolo? O símbolo nasceu com o homem e ao mesmo tempo criou o homem.

Vamos partir das origens: por mais de 5.000 anos, os homens têm gravado sobre pedra, papiro, pergaminho ou madeira a descrição de suas experiências, ou então as colocaram nos cantos e nos contos. Desse modo foi escrito e transmitido o conhecimento humano.

Os homens criaram os símbolos e as linguagens para expressar e fixar suas experiências. Os símbolos eram tomados em empréstimo dos temas da natureza – o fogo, o sol, a lua, os astros, o relâmpago, o trovão e muitos outros – ou mesmo tratava-se de formas não copiadas, com as quais exprimiam ideias mais abstratas. Os signos que não correspondem a nada de observável na natureza eram signos carregados por eles de um significado, de uma mensagem. Por isso, podemos tomar como hipótese que os primeiros símbolos criados pelos homens são os símbolos do invisível, do inefável, do sagrado.

Podemos pensar que a atividade de simbolização nasceu com o homem e, com a representação do sagrado, nasceu a necessidade de deixar uma marca para exprimir os símbolos interiores, os arquétipos sagrados.

Segundo a psicologia de C.G.Jung[8], esses arquétipos, esses modelos, são transmitidos de geração em geração. Todos os homens comunicam esses arquétipos quando fixam signos, símbolos, linguagens.

Os símbolos exteriores – aqueles que constituem as linguagens humanas, verbais, gráfico-pictóricas, musicais etc. – manifestam sempre os arquétipos, os símbolos interiores que são a marca das experiências humanas do sagrado.

O símbolo é um signo que vem do profundo da natureza humana e ativa os arquétipos profundos dos quais provêm, traz à mente outros signos, desencadeia emoções e ativa comportamentos.

---

[8] Carl Gustav Jung, psiquiatra suíço, nasceu em 1875, em uma pequena aldeia na margem suíça do Lago de Constança. Em 1907, encontra Sigmund Freud (1859-1939); torna-se, de início, seu estreito colaborador e, depois, afasta-se profundamente de seu pensamento. Morreu em 1961.

Na vida humana, signos e símbolos ligam-se e atraem-se, formando as linguagens humanas. [9]

Um exemplo disso é dado pelos quatro grandes símbolos que representam os quatro elementos do mundo físico – a terra, a água, o ar e o fogo – símbolos teorizados pela filosofia grega como "raízes de todas as coisas". [10]

A própria tradição hebreu-cristã se vale destes símbolos nos rituais litúrgicos e na administração dos sacramentos. A água, por exemplo, é vista em seu significado de purificação e regeneração – como nos banhos purificatórios – e é este o significado da imersão, enquanto a imersão na água – como no antigo batismo cristão – quer significar, ao contrário, a morte do homem velho que prepara o nascimento do homem novo.

O símbolo do ar ou do céu ou, ainda mais frequente, da luz, traduz a ideia de que o homem tem a possibilidade de ter acesso a uma consciência superior, capaz de transformá-lo e abri-lo à descoberta de valores universais. Recorrem a essa simbologia várias tradições religiosas.

Os símbolos para ver a beleza da harmonia

Agora, se saímos do tema interior do sagrado e passamos ao tema exterior da natureza, vemos que o homem, desde sempre, contempla a natureza e se abre à beleza. O homem contempla a natureza e ama a vida. A natureza nos transmite alguma coisa que envolve todo o nosso ser, dá-nos vitalidade, dá-nos alegria e bem-estar. Existe alguma coisa que vem da natureza e que está muito além daquilo que vemos e sentimos. A experiência da natureza é uma experiência que nos faz intuir uma realidade que não chegamos a conhecer, mas que nos envolve e nos faz amar a vida.

A pergunta espontânea que encontramos em todas as culturas na história é esta: qual é o motivo, o sentido de tudo isso? É que a natureza se revela na experiência humana universal como uma dupla realidade.

---

[9] JUNG, C.G. *L'uomo e i suoi simboli*. Milão: Longanesi, 1980.
[10] Empédocles, grande filósofo grego, nasceu por volta de 492 a. C. Foi um estudioso da *physis*, um teórico da biologia, orador, profeta, um taumaturgo e grande médico; a ele se atribui a descoberta do labirinto do ouvido interno e a instituição de uma escola de medicina científica.

Ela apresenta de si mesma um aspecto sensível, significante, que possui também um aspecto suprassensível, que não se pode conhecer, mas apenas intuir.

Os símbolos são, pois, a ponte que liga o mundo sensível ao mundo suprassensível. Por meio da simbolização conascem na consciência humana o mundo sensível e o mundo suprassensível.

Por esse motivo, a dinâmica do símbolo é evocativa: o símbolo desenvolve sua função por intermédio da intuição e do ato de fé. [11]

Intuo e creio que, por detrás da natureza, esteja a vida. Intuo e creio que por detrás da palavra esteja uma realidade. Por meio das linguagens dos signos e dos símbolos, a experiência, a interioridade e o suprassensível são comunicáveis. [12]

Toda a vida humana funciona intermediada pelas atividades de simbolização. Confiamos nos símbolos: de fato, eles funcionam graças à nossa fé.

E qual é a diferença entre signo e símbolo?

Enquanto os signos são significantes que evocam, em geral, um único significado objetivo, por exemplo, uma placa rodoviária, os símbolos são significantes que incluem, além de um significado objetivo, também aspectos afetivos, emotivos e espirituais da realidade que significam.

Tomemos como exemplo uma árvore: além do significado físico de crescimento, contém significados simbólicos de crescimento lento e contínuo, de seiva vital, de ritmo ligado às estações e de eras ligadas ao passado (raízes), ao presente (tronco) e ao futuro (galhos), e de contato entre terra, água e ar, e ainda muitos outros significados.

O símbolo é um signo que provoca, massageia a interioridade, desperta a emotividade e ativa a imaginação. Ele pede conexões, faz ressonância com a realidade que ele representa. O símbolo nasce e age no profundo do homem e chama pelo inconsciente.

A linguagem simbólica é a linguagem da sugestão, da emotividade, do desejo que nos coloca frente a frente com as realidades evocadas e nos oferece sempre duas possibilidades: contemplá-lo para integrá-lo em nossa vida ou fugir dele, rejeitá-lo.

[11] JUNG, C. G. *L'uomo e i suoi simboli*. Milano: Lagoanesi, 1980.
[12] CHEVALIER, J. E; GHEERBRANT, A. *Dizionario dei simboli*. Milano: Bur 1986. CHEVALIER, J; GHEERBRANT, A. *Dicionário de símbolos*. Mitos, sonhos, costumes, gestos, formas, figuras, cores, números. Rio de Janeiro: José Olympio, 1996.

O símbolo conta mais pelo efeito que produz do que por aquilo que diz sobre determinada realidade. O símbolo pertence ao esotérico, isto é, ao interior, ao segredo, enquanto o que nele existe de exotérico – isto é, de exterior, claro, visível – conduz a uma realidade que é impossível de conhecer diretamente pela inteligência racional.

A palavra como símbolo

A palavra humana é um símbolo por excelência. A palavra é o símbolo que, por meio do vocábulo, do som e da grafia, coloca em comunicação a realidade espiritual e a realidade material. A intenção de quem fala não é apenas a de expressar, por exemplo, uma ideia intelectual, mas também tocar, emocionar, influenciar o ouvinte.

Desde sempre, o homem expressou sua exigência do belo e sua busca pela graça, por meio das linguagens vocais, gráfico-pictóricas, musicais e, ainda, pela dança, teatro, escultura etc.

Como nascem os símbolos e os mitos? Os símbolos e os mitos são criados não pelos indivíduos, mas pelos povos, dentro de uma tradição. Quando essa tradição se alarga e fica plena de significado, nasce o poeta que lhe dá a palavra.

As poesias, então, não nascem do nada, mas são preparadas pelas gerações.

A história de todo o povo começa exatamente com um símbolo, com um mito que narra essa epifania, o nascimento dos usos e dos costumes de um povo ou nação. É a narrativa de alguma coisa que aconteceu no passado e nos indica a estrada para o futuro. Assim, a linguagem dos símbolos e dos mitos, a linguagem poética é uma linguagem epifânica, reveladora. Toda poesia é uma palavra reveladora que desvela algo mais daquilo que existe no presente, desvela algo que ainda não está aqui, que habita em nosso futuro.

Assim sendo, toda a civilização onde falta poesia é uma civilização anti-humana, antipessoal. Não é por acaso que nós nos lamentamos da ausência da grande poesia em nosso século. Falta a grande música, não digo a execução, mas a criação, ou seja não estamos satisfeitos com aquela que existe.

O instinto que nos estimula para a autossalvação nos leva sempre para a poesia em sentido lato, isto é, toda a arte, a linguagem poético-mítica: ali intuímos que se encontra a nossa salvação. A beleza salvará o mundo – dizem-nos as palavras de Dostoiévski. De fato, a beleza é uma realidade que tem uma estrutura simbólico-mítica, reflete a transcendência, e aquilo que reflete a transcendência é belo.

Então, o que nos salvará? Salvar-nos-á a estrutura mítica da realidade e sua linguagem que indica tal estrutura.

A palavra símbolo provém da palavra grega *symballein*, que significa encontrar-se, encaixar-se. Esta palavra não foi inventada, mas nasceu da experiência dos gregos. Por exemplo, quando um homem partia de sua terra, deixando um grande amigo, para não o esquecer, para manter-se ligado a ele, tomava qualquer objeto – um bastão ou um anel – e o quebrava em dois, de modo que uma metade ficava na casa daquele que permanecia na região, e a outra metade era levada por aquele que partia. Passados os anos, quando se encontravam de novo, os dois homens, ou seus filhos, podiam reconhecer-se tomando as duas metades do bastão ou do anel e procurando fazê-las combinar, *symballein*. A metade do bastão ou do anel que devia encaixar-se, aguardava, esperava a outra metade. Assim, símbolo significa metade da realidade – neste caso, do anel – que, pelas características da fratura, fala e indica a outra metade.

Assim, o significado original da palavra símbolo está ligado àquilo que reúne as pessoas. É interessante ver ainda o oposto de *sym-ballein*, que é *dia-ballein* [*mandar embora* ou *separar*], que constitui a raiz da palavra diabólico, ou seja, a essência do mal. O mal é aquilo que separa o *self* de uma pessoa nas forças conflitantes, aquilo que divide uma pessoa das outras, aquilo que faz as pessoas se erguerem contra o cosmo. É o caos, a força de entropia que destrói a ordem da qual depende a vida.

Suponhamos, como exemplo, que a metade do anel se feche em si mesma e queira ser o anel inteiro, que nada nela aponte para outra metade, para uma transcendência; e suponhamos que o homem se feche da mesma maneira, diga que sua realidade é toda inteira, que não existem feridas nele, que ele não busca nenhuma outra realidade. Que significaria isso? Significaria que o *symbolon* deixaria de ser *symballein*, de se encontrar, e começaria, ao contrário, a isolar-se, a separar-se da outra metade.

Encorajar o desenvolvimento da atividade de simbolização nas pessoas significa ativar tudo o que liga a pessoa a si mesma, aos outros e ao mundo. Assim, é útil para prevenir ou para curar o sofrimento provocado pelo isolamento material e psíquico das pessoas. O símbolo é um elemento material usado para representar, de maneira clara e precisa, alguma coisa situada em outro plano. Quando se traça graficamente um símbolo, são criadas ligações neuronais entre as várias áreas no interior de nosso cérebro, e isso favorece a ativação de alguns sensores que nos permitem amplificar as percepções normais. Até mesmo simplesmente pronunciar o nome de um símbolo, significa criar uma ligação entre nós e o reservatório de energia ligado a ele. De fato, cada um deles possui uma especificidade própria que, se invocada, nos permite fazer coisas não ordinárias.

Em meus cursos de formação, é apresentada a simbologia de base e são ensinadas diversas técnicas de utilização ativa e intencional dos próprios símbolos, para aprender a personalizar os próprios meios disponíveis, tornando-os sempre mais idôneos com a finalidade de recompor e de conhecer a si mesmos. A linguagem poética é a única linguagem capaz de expressar ao menos alguma coisa da transcendência da pessoa humana. A psique se exprime pela palavra, pelo canto, pelo grito, pelo pranto: o corpo se expressa por meio do contato físico e da dança, do movimento e do jogo; é daí, no "aqui e agora", que se chega diretamente à integração, sem passar pelos trâmites difíceis de antes, do passado. O terapeuta deveria ser poeta, e quem escuta deveria ser posto em condições de ser poeta; assim alguém chega a compreender o outro. Esta é a experiência da formação, tal como a entendo e proponho, apresentada na Terceira Parte deste livro.

A utilização do símbolo em Freud, Jung, Winnicott e Bateson

Nestas páginas, ocupamo-nos dos símbolos que, se vistos e utilizados com esse objetivo, podem curar.

Freud

Freud[13] figura entre os primeiros autores a introduzir o conceito de símbolo em psicologia. Para Freud[14], o símbolo consiste em uma

---

[13] Sigmund Freud, nascido em 1856, é conhecido essencialmente pela psicanálise. Judeu, foi perseguido pelos nazistas, que queimaram seus textos, juntamente com os de Albert Einstein. Morreu em 19939. Mais que filósofo, podemos definir Freud como um médico psicanalista que estudou os mecanismos da mente humana, descobrindo e teorizando o "inconsciente".

[14] FREUD, S. (1900), *L'interpretazione dei sogni*. Colognola ai colli (VR): Demetra, 2003.

ideia concreta, em geral uma representação visível, utilizada como substituto para outra que, ao contrário, pertence ao inconsciente.

Estando a teoria do inconsciente freudiano baseada fundamentalmente nas energias sexuais que impulsionam o indivíduo, muitos dos símbolos oníricos são reduzidos a instintos tendencialmente de natureza sexual.

Assim, tudo o que possui um aspecto fusiforme é definido como fálico, e qualquer coisa que tenha forma ou função de recipiente irá representar o útero. Do mesmo modo, qualquer ação de laceração ou penetração é interpretada como representação simbólica do ato sexual.

Para Freud, de fato, o conflito verdadeiramente traumático não é aquele entre o *self* e o ambiente, mas o que nasce no interior do *self* e se desenvolve entre as funções desordenadas da libido e o severo censor do Superego.

É neste ponto que os símbolos se tornam importantes no pensamento freudiano. Os conteúdos reprimidos pelo inconsciente – os desejos sexuais e agressivos –, incapazes de se manifestar em sua forma real, como perigosos para o equilíbrio mental; apresentam-se à consciência sob diversas formas de mascaramento que podem ser canalizados de várias maneiras, por meio de formas poéticas e artísticas. Por exemplo, a energia agressiva pode-se exprimir em livros ou filmes policiais que alguém cria ou usufrui. Essa transformação do inadmissível em algo inofensivo constitui o processo simbólico essencial, segundo o pensamento freudiano.

Jung

Carl Gustav Jung foi aluno de Freud e, por cerca de dez anos, desde o início de 1900, trabalharam juntos em forte sintonia cultural e de pesquisa.

Em 1913, ele deixou o mestre, em consequência da ruptura criada pela publicação de seu livro Libido: símbolos e transformações. Aquilo que ele contestava era o pressuposto teórico, a ideia de que aquilo que fora descoberto até então sobre as dinâmicas psicológicas fosse universal e único, fosse a verdade.

Jung, ao contrário, fala de coinfectar-se, deixar-se infectar pelo paciente e, em Psicologia e Alquimia, descreve de maneira metafórica, utilizando os mitos da alquimia, o processo analítico exatamente como uma confusão paciente-terapeuta, no interior de uma atmosfera que envolve a ambos, e essa atmosfera emotiva seria a condição primeira e essencial para a busca da verdade do paciente, da realização do *self*, que ele denomina "individuação".

Tal modo de proceder, escreve em Psicologia do Inconsciente, nada tem a ver com a "objetividade" de Freud. O objeto, o paciente, não pode mais ser separado de quem o observa. Entre um e outro ocorre, inevitavelmente, uma interação.

Para Jung, o símbolo é o verdadeiro motor do vir-a-ser psíquico do homem. Pensemos, por exemplo, nos símbolos religiosos, no símbolo da mãe, do pai, da pátria e, ainda, nos símbolos sexuais.

A divergência mais evidente entre o pensamento de Freud e o de Jung deriva exatamente do diferente valor que os dois autores atribuem aos símbolos. Usando a metáfora da árvore, se Freud tinha visto os ramos como símbolos, reconduzíveis a um único tronco de pulsões, Jung se lança ainda mais profundamente até as raízes, que resultam igualmente complexas.

De fato, o autor vai além, postulando a existência dos assim chamados arquétipos, que podem ser comparados aos contatos que as raízes de toda árvore têm com as das árvores vizinhas, fazendo de um bosque um único organismo vivo: o inconsciente coletivo.

Esta relação subterrânea entre os materiais inconscientes dos indivíduos pode explicar as semelhanças encontradas nas representações artísticas de povos afastados uns dos outros, que não tiveram nenhum modo de entrar em contato. Todo homem está ligado a um estrato inferior, que reconhecemos como inconsciente coletivo, que vai além do indivíduo e o predispõe a atingir a mesma fonte criativa, a qual se exprime em formas representativas pertencentes a modelos similares. Os verdadeiros símbolos, pois, provêm, segundo Jung, do inconsciente coletivo e derivam da vida do universo, e não da vida do indivíduo, como pensava Freud. O indivíduo jamais os conheceu e, por isso mesmo, eles são inexprimíveis.

Graças exatamente à atividade de produção dos símbolos, o homem primitivo conseguiu transferir a energia psíquica de manifestações pulsionais para manifestações imediatas, orientadas para finalidades criativas e, assim, efetuou a transição do plano da natureza ao da cultura. Desenvolvendo uma função mediadora entre o inconsciente e a consciência, o símbolo pode atuar como agente transformador da própria natureza do homem, levando-o a individuar-se sempre mais distintamente como um Eu único.

Qualquer coisa pode ser empregada e funcionar como símbolo, mas alguns símbolos têm uma recorrência universal que nos remete à existência dos arquétipos, isto é, literalmente, modelos. Estes se transmitem hereditariamente e representam uma espécie de memória da humanidade, armazenada em um inconsciente coletivo – e não somente individual – presente em todos os povos, sem nenhuma distinção de lugar e de tempo.

Trazem consigo um conhecimento e uma sabedoria comuns a toda a humanidade. Ainda que não tenham uma forma clara, eles se exprimem por meio dos símbolos do mundo que nos circunda.

Parece claro que a linguagem simbólica é o caminho mais curto para o conhecimento de nós mesmos; ao contrário, a via conceitual é a estrada mais longa e oferece, como sabemos, notáveis limitações de horizonte.

Os símbolos apresentam simultaneamente caráter expressivo e impressivo porque, por um lado, exprimem, em imagens, os processos psíquicos internos e, por outro, depois de se terem tornado imagens, imprimem seu sentido em tais processos, ativando a própria corrente psíquica.

Os símbolos seriam, pois, os transformadores de energia do mecanismo psíquico: eles podem ser utilizados, diz Jung, se reconhecidos como tais.

O símbolo, assim carregado de significado, possui grande poder transformador. Por meio do desenho, de fato, são expressas partes do mundo criativo interior e é estimulada a identificação com novos símbolos, a fim de dar novos estímulos e novas oportunidades à criatividade da criança para estimular seu crescimento.

A meta é a realização de si mesmo, a que Jung chama individuação. Individuar-se significa conhecer e realizar a si mesmo. O processo da individuação é um processo espontâneo, natural, se não for obstaculizado por situações particulares. Em circunstâncias organizadas, como a educativa e a terapêutica, é possível verificar e melhorar a dinâmica da individuação e do crescimento, ajudando a criança a conhecer-se melhor e, mediante estímulos adequados, encontrar suas soluções evolutivas.

Winnicott[15]

Donald W. Winnicott desenvolve o conceito de objetos transacionais para demonstrar a função de um objeto que é colocado em lugar de outro.

---

[15] Donald W. Winnicott, psicanalista e pediatra inglês (1895-1971). Teorizou o conceito de espaço transicional, o do jogo, do fantasiar e do criar, onde se quebram as barreiras entre o interior e o exterior; tal espaço é possível graças à função desenvolvida na infância pelos objetos transicionais (a "capa de Linus") que encarnam um modo pré-simbólico para representar a união mãe-criança.

Para Winnicott, verifica-se, na criança, uma percepção subjetiva da figura da mãe, que é também objetiva. A relação entre a percepção objetiva e a subjetiva resultará tanto mais harmônica quanto mais a criança tiver recebido os cuidados de uma mãe suficientemente boa[16] Neste caso, definir-se-á, no âmbito perceptivo da criança, a presença de um objeto substitutivo da mãe (algo que lhe substitua até mesmo a presença). É a primeira operação mental e ato criativo, por excelência, que a criança irá realizar: individuar o objeto ou o jogo que torna a ausência da mãe não apenas suportável, mas útil para seu processo de independência.

Se o processo que vai criar esse ambiente relacional suficientemente bom foi comprometido, encontraremos crianças – e, depois, adultos – que terão desenvolvido um falso *self*,[17] frágil e com as características do eu dependente ao invés de independente.

Nesses casos, a criança – ou o adulto – poderá encontrar uma ajuda eficaz nas curas que preveem a utilização da arte como espaço e oportunidade para chegar a recriar um ambiente rico de objetos simbólicos, capazes de preencher os vazios e de substituir as perdas do passado.

Para Winnicott, pois, é a mãe o primeiro brinquedo da humanidade. O segundo brinquedo da humanidade é a mãe portátil, isto é, a manta (cobertor? fraldinha?), e todos aqueles que ele chama de objetos transacionais. O terceiro brinquedo da humanidade é representado pela cultura e pela arte, as quais terão poder curativo na medida em que substituírem a perda da mãe, recriando um ambiente e um espaço em que se possa re-brincar (re-jogar).[18]

Bateson

Se nos aproximamos das teorias mais recentes, aderimos à ideia de Gregory Bateson,[19] que parece muito simples, sobre a natureza do símbolo. Ele vê o símbolo como uma parte visível de um sistema mais

---

[16] WINNICOTT, D.W. (1958). *Dalla pediatria alla psicoanalisi*. Firenze: Martinelli, 1975.

[17] WINNICOTT, D.W. (1971). *Gioco e realtà*. Roma: Armando, 1974.

[18] WINNICOTT, D.W. (1971), op. cit.

[19] Gregory Bateson (Inglaterra, 1904-São Francisco, 1980). Antropólogo, sociólogo e cibernauta foi um dos mais importantes estudiosos da organização social desse século. Foi exatamente a partir dos estudos no campo da cibernética que Bateson se aproximou da psiquiatria e da epistemologia, setores aos quais deu as maiores contribuições.

amplo, que pode permitir ao observador fazer previsões a respeito da natureza e da organização do restante do sistema.

Assim por exemplo, pela percepção visual do exterior de uma garagem, podemos racionalmente levantar a hipótese da existência de uma série de automóveis estacionados em seu interior e, em nível relacional, pelo mutismo de um amigo podemos supor que talvez esteja com raiva de nós.

Se quiséssemos representar visualmente essa ideia de símbolo, poderíamos imaginar certo sistema dividido por uma barra: nós, que nos encontramos de um lado, podendo ver apenas o que está aquém dessa barra, podemos erguer hipóteses, com probabilidade maior que o puro acaso, sobre a organização e a estrutura do restante do sistema, com base na quantidade de informações visíveis a respeito da totalidade das informações contidas no próprio sistema.

Em síntese

A história do simbolismo demonstra que qualquer coisa pode assumir um significado simbólico: os objetos naturais (como as pedras, as plantas, os animais, o sol, a lua...), as coisas que são obras do homem (as casas, os navios, os veículos) e, enfim, as formas abstratas (como o triângulo, o quadrado e o círculo). O cosmo inteiro é um símbolo potencial.

Com sua tendência para a atividade simbolizante, o homem transforma em símbolos as formas e pode, em seguida, por meio deles, transformar a si mesmo.

Esta ideia do *poder transformador do símbolo* dá movimento e forma a toda a minha atividade e será o pano de fundo deste livro. Faço votos que eu consiga mostrá-la e expressá-la.

No próximo capítulo, veremos os efeitos da simbolização em nossa vida cotidiana e doméstica, que considero fundamental na construção de nossa identidade e, por isso mesmo, na manutenção de nossa criatividade, desde que tenhamos consciência disso.

Os símbolos para curar as desarmonias

Relacionando aquilo que já dissemos sobre esses autores a nosso argumento sobre a relação de cura, podemos entender melhor como o *setting* terapêutico contribua para criar um espaço partilhado, que se organiza sobre símbolos propostos pelo terapeuta e símbolos propostos pelo paciente.

O terapeuta se propõe a exercer uma perturbação intencional [desejada?] sobre o sistema do paciente, e essa perturbação irá estimular um comportamento dentre aqueles disponíveis ao paciente. Aquilo que se pode esperar como efeito do encontro não é previsível *a priori*, mas é verificável no contexto da relação terapêutica.

É no interior dessa dança de propostas e respostas que se vai oferecer a condição para criar uma *nova* história, utilizando *novas* imagens, *novos* símbolos e *novos* objetivos.

E assim uma *história estática* pode se colocar em movimento por meio de símbolos que, na natureza, representam o movimento, e uma *história fechada* pode se abrir por meio de símbolos que, na natureza, expressam a ideia de abertura. Em todos os casos, o processo do crescimento e, por isso mesmo, da individuação, pode ser favorecido com os símbolos que, na natureza, manifestam o crescimento.

O conjunto mostra-se eficaz no interior de um *setting* determinado, que pode ser o terapêutico ou mesmo o educativo, desde que sempre organizado e definido entre as partes.

CAPÍTULO 3

A sala de visitas.
Para sentar-se, ler e sonhar

- **O prazer do adulto por encontrar a criança na intimidade da casa e na imensidade dos mares**
  A casa e o mar como símbolos de intimidade e imensidade

- **A fábula para abraçar os dois mundos: dentro e fora de nós**
  A fábula é uma via que dá forma e transforma

- **A narrativa por meio dos desenhos para chegar à cura**
  O desenho e sua potencialidade comunicativa e terapêutica

O prazer do adulto por encontrar a criança na intimidade da casa e na imensidade dos mares

Partimos do pressuposto de que estamos todos continuamente empenhados na criação de nós mesmos. Assim, será útil, também para nós adultos, despertar a menina ou o menino que está em nós, revisitar a intimidade de nossa casa, observar de novo a imensidade de nossos mares para encontrar um contato dentro-fora e fora-dentro que nos faça sentir menos sozinhos.

Sabemos que, no desenho, a criança se fotografa, projeta suas imagens internas, revela-se a nós e, para fazê-lo, utiliza *símbolos*. Podemos demonstrar esse processo escolhendo e tomando em empréstimo dois símbolos: a casa e a natureza. *A intimidade* da casa e *a imensidade* dos grandiosos espetáculos da natureza na dialética do dentro e fora, fechado e aberto.

Ora, para entrar no assunto, *entremos no interior de nossa casa*: ela é o ambiente simbólico por excelência.[20]

Vamos procurar a intimidade de nossa casa...

O que é a casa? A casa é a nossa esquina no mundo, nosso primeiro universo. A vida começa bem, começa fechada, protegida, toda morna no seio da casa. Antes de ser catapultado no mundo, o homem é cuidadosamente colocado no berço da casa, e a própria casa se torna um grande berço. Ela protege o homem das tempestades do céu e das tempestades da vida. É corpo e alma; é o primeiro mundo do ser humano.

Exatamente graças à casa, um grande número de recordações encontra uma morada e, se existem a adega, o sótão e os esconderijos, nossas recordações têm refúgios sempre mais definidos. É o espaço que engloba o tempo: o espaço serve para esse fim.

A casa é imaginada simultaneamente como um ser vertical e horizontal, porque se ergue e se desenvolve em extensão. O telhado

[20] CSIKSZENTMIHALY M.; ROCHBERG-HALTON E. *Il significato degli oggeti*. Roma: Ed. Kappa, 1986.

põe o homem a coberto e o protege da chuva e do sol. Em cada região, a inclinação do telhado é um dos sinais reveladores do clima.

Sob o telhado encontramos o sótão, que mostra a estrutura da carpintaria. No sótão, a experiência do dia pode apagar os medos da noite. No lado oposto, nos subterrâneos, encontramos a adega, o ser obscuro da casa, o ser que participa das potências subterrâneas. Na adega, habitam as trevas do dia e da noite.

A casa é o mais poderoso sinal do *self* que quem mora ali. É muito mais que um refúgio material, ela é um mundo: um espaço nos qual nós criamos um ambiente material cheio de objetos que têm valor para nós e, por isso, a casa se torna um lugar onde criamos e conservamos todos aqueles objetos que contribuem para preencher a nossa vida de significados.

A casa contém os objetos mais especiais – aqueles que escolhemos cuidadosamente entre tantos outros – que vão definir e construir nossa identidade única, vão fixá-la e mantê-la bem guardada em sua intimidade. Além disso, sendo escolhidos por nós, nossos objetos podem também ser modificados e substituídos com o passar do tempo.

A organização dos espaços – com os cheios e vazios, luzes e cores, odores e dimensões – tudo fala de nós. É como um desenho. É um desenho: é o esquema de nossas relações com os objetos e com as pessoas, e entre os objetos e as pessoas. É a arquitetura das nossas relações.

Além da casa dos homens, existe a casa das coisas:[21] 18 as caixinhas, os armários e os baús representam a estética do oculto. Uma caixinha fechada é inimaginável. Ela só pode ser pensada. E, para nós que temos a tarefa de descrever aquilo que se imagina antes de conhecer, todos os armários estão cheios. O espaço interno de um armário é um espaço de intimidade, espaço que não se abre na frente de qualquer um. Ali reina a ordem ou a desordem, nossa ordem. Ali dentro está a história das estações e das idades.

Todos esses objetos criam uma ecologia de sinais que reflete e, ao mesmo tempo, contribui para formar a estrutura do *self* de quem os possui. Por que adquirem tanto significado esses objetos que consideramos especiais? Pois os objetos não são bens materiais e nada mais; eles são símbolos, formas objetivadas de energia psíquica. Por meio

---

[21] BACHELARD, G. (1975). *La poetica dello spazio. Bari:* Ed. Dedalo, 1993. [*A poética do espaço*. São Paulo: Martins Fontes, s.d.]

de sua utilização – ou mesmo apenas mediante a contemplação – os objetos de nossa casa adquirem significado.

É *a relação* que mantemos com o objeto que dá valor a ele, e é o modo como cuidamos do objeto e da casa que determina a consciência dos significados. Quando, por exemplo, vamos cuidar das flores de nossa casa, tanto a natureza das flores quanto a da pessoa podem melhorar graças a essa relação e, nesse caso, o significado dessa interação é: crescimento físico e crescimento psicológico.

A consciência destas relações pessoa-objeto confere a nossos gestos um valor *estético*, assim como todo ato de consciência, quer dos estados interiores, quer do ambiente exterior, possui um componente estético. Aqui, utilizo o termo *estético* tanto em sua acepção mais conhecida, ligada ao belo, à harmonia e ao prazer visual, quanto em seu significado mais físico de *sensível*, vivo; o seu contrário é o *anestético*, que é o *adormecido*.

Nas histórias das crianças, que veremos ilustradas, notaremos que quase todas têm em comum a procura da própria casa, da própria segurança, do lugar de onde partir. Encontraremos muitos Ulisses potenciais, que, somente com a mala cheia de símbolos interiorizadas da casa, poderão zarpar das fronteiras domésticas. Pela observação dos desenhos ou das narrativas da casa, entramos nas casas desses pequenos proprietários e os visitamos para, em seguida, com eles encher casas vazias de objetos e, por isso mesmo, de relações.

A casa é a própria criança, sua forma e seu esforço para habitá-la, e seu sofrimento por não a habitar. A casa está dentro de nós, é um conjunto de hábitos a serem reencontrados, recordados, recontados: para continuar a receber o efeito benéfico que ela proporciona, o efeito de poder sonhar em paz a nossa casa, mesmo quando estamos longe, fora de casa. A casa é um estado de ânimo, ela revela uma intimidade.

A imagem da casa pode também ser expressa por símbolos externos poderosos, como os ninhos, as tocas e as grutas. Saiamos da intimidade da casa e mergulhemos na imensidade da natureza para ver que também pela paisagem externa a criança procura por si mesma.

...vamos observar a imensidade de nossos mares

Prossigamos com a dimensão da imensidade. Se vamos visitar a imensidade dos espetáculos da natureza, são muitos os símbolos com os quais a criança pode se identificar, e é difícil prever uma interpretação satisfatória para cada um.

Agora, entre os quatro ingredientes principais do mundo, que são Ar, Água, Terra e Fogo, tomemos em empréstimo mais detalhadamente a Água, porque ela exprime a imensidade do mundo e é riquíssima de significados simbólicos.

A Água

A matéria viva começou a partir da água a sua aventura em nosso planeta; no líquido amniótico, o homem vive sua formação inicial; a água constitui a quase totalidade da matéria viva.

Em relação aos outros elementos, a água é privilegiada porque, em sua imprevisibilidade, possui tanto a calma, a gravidade e a profundidade abissal da Terra, quanto a envolvente inquietude do Ar e a mobilidade do Fogo.

Em seu contínuo transformar-se e mover-se, a Água segue um ritmo que se manifesta no vaivém das marés, nos vazios e cheios que formam as ondas do mar e na alternância de seu vapor d'água. Em nenhum momento ela é igual a si mesma.

Os cursos d'água tendem a encontrar-se, a reunir-se, a crescer juntos. Assim também a água tende aos vínculos, à união até a dependência, mesmo se interrompida por separações cíclicas. Os vínculos, por sua vez, se reforçam por meio dos líquidos, com a sexualidade, o aleitamento, o beber em companhia.

A água representa o feminino por excelência. É profunda, muitas vezes não se veem suas correntes na superfície, e sua vida está escondida do olhar exterior. O mundo subaquático é cheio de fascínio, de mitos, de surpresas. A água é extremamente adaptável, passiva e receptiva. Corre sempre para baixo e toma tudo o que encontra. Sem barreiras, ela se perde. Carrega a vida, a fertilidade, e ali aonde vai alguma coisa nasce. Se a Água é símbolo da vida e a vida nasce do amor, a Água é também o símbolo do amor, aquele amor que, como a Água, abraça sem comprimir.

A sexualidade e a reprodução são consideradas as funções clássicas mais estreitamente ligadas ao elemento água em nosso corpo. Como a água, a sexualidade é fluida e fluente; como a água, alimenta, seguindo o caminho da menor resistência e, no entanto, tem o poder de derrubar as barreiras e erodir as rochas.

Nós nascemos dessa água, no mar do útero onde a vida tem início. Nossos corpos são quase inteiramente de água, e as águas vitais fluem em nós em nossa viagem ao longo do rio da vida.

Carl Gustav Jung[22] estabelece estreitíssima relação entre a água e o espírito mais misterioso do homem, isto é, sua alma. É o percurso que deve realizar para chegar ao conhecimento: a água é o símbolo mais comum do inconsciente.

No mesmo estudo, Jung fará também outra observação: quem olha no espelho d'água vê, como primeira coisa, a própria imagem. Assim, a água é vista não só como origem da vida, mas também como origem da consciência de nossa identidade física. A água é a primeira forma natural de espelho.

Em síntese, reconhecemos que a água está dentro de nossa mente, dentro de nossas origens, dentro de nossas recordações. É, pois, normal que a literatura de todos os tempos se tenha inspirado muitas vezes nas inumeráveis formas da água, em seu aspecto primordial de elemento primário de nossa vida, e em suas múltiplas aventuras.

Os romances estão cheios de tempestades e furacões, de fendas marinhas e de relâmpagos.

Realizamos este rápido passeio marítimo para compreender como a fascinação da água tem sempre dominado nossa visão estética e moral do mundo. E para compreender como o fascínio da água irá dominar os desenhos de nossos garotos, com todas as variadas formas e significados que acabamos de recordar.

Teremos mares de todos os humores, rios tênues e cascatas impetuosas e, ainda, tubarões ameaçadores e golfinhos salvadores; a seguir, teremos peixes que crianças mudas irão tomar emprestado para se encontrarem com seu mutismo, antes de chegarem à palavra *Sim-bolon* no sentido de reencontrar-se.

O mar também será usado por nossos jovens heróis para fazer viagens, para partir ou regressar, e para conhecer as emoções de separar-se da terra firme. Em todos os casos, veremos que a água põe em movimento, estimula, evoca situações problemáticas, chama pelo imprevisto, dá prazer, guia um gesto e enche a folha, como se a banhasse... e a transformasse. Essa exuberância emotiva pode comparecer à nossa mente sob infinitas formas, adquirindo diferentes sig-

---

[22] JUNG, C.G. *Gli archetipi dell'inconscio colletivo*.Turim: Bollati Boringhieri, 1977. [*Os arquétipos e o inconsciente coletivo*. Petrópolis: Vozes, 2001.]

nificados. Está sempre presente nos desenhos de nossas crianças e em suas histórias, a indicar seus sonhos e suas necessidades.

A fábula para abraçar os dois mundos: dentro e fora de nós. A fábula no mundo e a nossa fábula

A origem das fábulas se perde na noite dos tempos. As populações antigas, que não conheciam a escrita, utilizavam a narrativa oral para transmitir conhecimento e tradições de geração em geração.

Em tempos antigos, mesmo nos países europeus, existiam narradores itinerantes de fábulas, tais como os que podem ser encontrados ainda hoje no Oriente. Entre nós, as fábulas rapidamente se tornaram tesouros de família: em geral, eram os anciãos a quem cabiam a honra e o dever de transmiti-las aos mais jovens.

Todo povo de civilização antiga possuía suas próprias fábulas e os próprios cantores que as difundiam. É realmente singular que, entre os indianos, africanos, asiáticos e europeus se encontrem muitas imagens e figuras similares.

Nas fábulas, de fato, pode-se encontrar o conteúdo da grande história universal, desde tempos remotos. Assim, originalmente, as fábulas não eram destinadas à educação infantil, mas a dar significado à vida cotidiana dos membros de uma tribo.

A procura pelo significado a ser dado à nossa vida é o que buscamos em todas as idades, que encontramos na idade adulta. É como se, para encontrar o significado mais profundo, fosse preciso sair de uma concepção de vida fechada e isolada e pensar em fazer parte de outras histórias, habitar em muitas histórias e partilhá-las, criando uma cadeia infinita. Esta sensação é necessária para que uma pessoa possa estar satisfeita consigo mesma e com aquilo que faz.

A tarefa mais importante a que se propõe quem cria uma criança é a de ajudá-la a encontrar um significado para a vida. Existe uma rica literatura para a infância que procura informar e divertir, mas, para que tudo tenha valor, para poder enriquecer a vida da criança, deve-se estimular sua imaginação e ativar suas emoções. Esta é a função da fábula popular que pode enriquecer, divertir e curar tanto adultos quanto crianças. De fato, a função das fábulas é a de revelar os problemas interiores dos seres humanos e as soluções adequadas para suas dificuldades, seja qual for a sociedade ou a época.

Para poder resolver os problemas psicológicos ligados ao processo do crescimento (desilusões, frustrações, rivalidades fraternas, perdas...), a criança deve familiarizar-se com seu inconsciente, construindo sonhos de olhos abertos, histórias e jogos, em resposta a pressões internas. De fato, se o inconsciente é reprimido, a mente deve manter sobre ele um rígido controle; se, ao contrário, o material inconsciente é reelaborado pela imaginação, ocorre a cura dos próprios problemas.

É inevitável uma luta contra as dificuldades da vida. Em toda fábula, por exemplo, o bem e o mal se encarnam em certos personagens e em suas ações, assim como o bem e o mal estão sempre presentes na vida, e as inclinações para um ou outro estão presentes em todo homem.

É este dualismo que exige luta para ser superado.

Na fábula, a pessoa má é sempre derrotada e o herói é que resulta mais atraente para a criança, que se identifica com ele em todas as suas lutas.

Graças a essas identificações, a criança imagina suportar, juntamente com o herói, provas e tribulações, e com ele triunfar na vitória. A criança realiza essa identificação por si mesma.

Freud previu que somente lutando contra aquelas dificuldades que parecem insuperáveis, o homem pode conseguir encontrar um significado para sua existência. É exatamente esta a mensagem que as fábulas comunicam à criança de várias formas: é inevitável a luta contra as dificuldades da vida.

Nas fábulas, existem os *bons* e os *maus*. As personagens das fábulas não são ambivalentes: uma pessoa é boa ou má, jamais as duas coisas ao mesmo tempo. Os caracteres opostos permitem à criança compreender facilmente a diferença entre duas situações e tornam-lhe mais fácil a escolha acerca do tipo de pessoa que deseja ser. Para ela, o critério da escolha é guiado por quem suscita sua simpatia e sua antipatia. É como se perguntássemos: eu quero ser igual a quem?

A literatura e a clínica sempre utilizaram, por exemplo, a fábula popular. Este é um precioso instrumento para discutir os problemas e encontrar soluções de forma simbólica, ajudar a criança a se conhecer, escolhendo personagens precisos ou situações com as quais se identificar.

> A fábula é a cartilha mediante a qual a criança aprende a ler a própria mente na linguagem das imagens, a única linguagem que lhe permite compreender antes de

atingir a maturidade intelectual. É necessário que a criança seja posta em contato com essa linguagem e comece a recebê-la, para poder chegar a dominar a própria alma.[23]

Isso nos apresenta Bruno Bettelheim[24], considerado um dos maiores especialistas em psicologia infantil, que vai retomar as fábulas clássicas para analisá-las e indicá-las como instrumento indispensável para o crescimento da criança. Os personagens e os acontecimentos das fábulas reproduzem e ilustram os conflitos interiores da criança e também todas as temáticas ligadas ao crescimento. Ao mesmo tempo, oferecem sugestões para resolver esses conflitos e sair das situações problemáticas, e o final feliz é sempre assegurado e assegurador.

Marie Louise Von Franz[25] interpreta as fábulas partindo da corrente psicanalítica junguiana e deixa que a fábula fale de maneira autônoma. Os arquétipos e o inconsciente coletivo são os pontos nodais desse tipo de interpretação.

Entende-se por *fábula* – do ponto de vista morfológico – qualquer desenvolvimento que parte de um dano ou uma carência, *atravessa* funções intermediárias, *até chegar* a um casamento ou a outras funções utilizadas como desfecho e solução. Esse desenvolvimento é chamado *movimento*: toda nova carência ou dano origina um novo movimento. Uma fábula pode ser formada por um ou mais movimentos que podem também entrelaçar-se. Sendo assim de estrutura uniforme, as fábulas de magia podem ser vistas com uma única origem, que não é necessariamente geográfica, mas também pode ser psicológica.

Nós também passamos a criar fábulas com final feliz e a recompor histórias despedaçadas. O que acontece nos cursos de formação? Assistimos à criação da *própria* fábula pelo jovem paciente-protagonista.

---

[23] BETTELHEIM, B., *Il mondo incanatato. Uso, importanza e significati psicoanalitici delle fiabe*. Milano: Feltrinelli, p. 157.

[24] BETTELHEIM, B., psiquiatra e psicanalista estadunidense de origem austríaca (1903-1990), descreve, de modo sugestivo, as fábulas mais belas e conhecidas, em seu livro *Il mondo incanatato. Uso, importanza e significati psicoanalitici delle fiabe*.

[25] VON FRANZ, M. L. *Le fiabe interpretate*. Turim: Bollati Boringhieri, 1980.

[26] WATZLAWICK P., BEAVIN; J.H.; JACKSON D.D. *Pragmatica della comunicazione umana*. Roma: Astrolabio Ubaldini Editores, 1971.

Era uma vez... a minha curiosidade de reconhecer a criatividade da criança e meu interesse em ativar a criatividade do adulto para, juntos, passarmos a criar sua fábula, nossa fábula.

E depois... foi a procura sobre como fazer essa fábula sair da sombra para lhe dar luz, cores, formas e relações.

E afinal... começaram a viver felizes e contentes aquelas crianças – e nós com elas – que começavam a se encontrar com a própria história, reencontrada, reconhecida, desenhada e visível para elas, para os familiares, o mundo inteiro, para sempre.

É como se também estas histórias criadas pudessem agora entrar na literatura, na clínica e *recontar-se por si mesmas...*

Esta é minha história com o paciente, alimentada por meu desejo de conhecer seus assuntos e seus problemas por meio do desenho, para torná-los visíveis e reconhecíveis, com traços precisos e formas pessoais.

Esta é minha história com os alunos, que começou como uma aposta, prosseguiu com entusiasmo e ainda continua com curiosidade, agora infinita, na busca de outras histórias que devem surgir. E agora mudam as lentes com as quais se fazem os diagnósticos, as curas, e se decide o fim da terapia. É com o olhar da Fada que passamos a acolher e, por um tempo, habitar a fábula o nosso protagonista nos traz. É uma história que, em todos os casos, possui características comuns.

Toda história tem personagens: *um herói* (na sombra), *inimigos a combater* (que podem ser pessoas ou fatos) e *amigos* (que quase sempre são animais adotados como ajudantes, para facilitar o alcance dos próprios objetivos). Cada história tem temas determinados: crianças aprisionadas, abandonadas ou violentadas; jovens mortificados, reprimidos ou malcuidados. Mas a fábula também contém, potencialmente, todos os problemas ligados ao crescimento.

Todo *monstro*, isto é, todo problema, é como se fosse uma sombra que obscurece o herói, o qual, ao contrário, pode atingir a luz com as cores e as formas, graças ao convite de uma Fada Curadora que saiba identificar tudo isso e presenteie suas crianças com fogos brancos, isto é, um espaço determinado e um tempo escolhido para fazer nascer uma fábula inteiramente única, a ser desenhada e escrita. Dentro dessa fábula – que é a sua fábula – pode nascer uma criança mais amável e menos temível pelos adultos, uma criança menos terrível e ameaçadora.

Muitas fábulas, únicas e especiais, e o jogo está feito: as paredes da sala tornam-se coloridas e atapetadas de fábulas reescritas e reilustradas por pequenos autores. Finalmente, a criança vai reconhecer a sua fábula, o seu herói, o seu caminho em seu bosque, aberta ao crescimento. E tudo se torna *visível – e para sempre* – porque, agora, está desenhada e escrita: é uma história dentro das histórias maiores que há séculos foram escritas. Agora que elas nasceram, é como se fossem filhas das fábulas/mães que as geraram. Agora, como fazer crescer essas jovens fábulas? Como valorizá-las? Como reconhecê-las como importantes, únicas e especiais? *Cabe a nós, agora, fazê-las viver!* Cabe a nós, adultos, pais, educadores, professores, psicólogos. Para não deixar que morram em um espaço estreito, que é a escola, e em um limitado período de tempo, que é o ano escolar. Agora, elas têm a dignidade para poder sair daquelas paredes, para crescer, para se tornarem grandes e, por isso mesmo, visíveis!

Toda história tem adultos com papéis determinados

E nós, adultos: que papel escolher? Em que fábula iremos morar? E de qual fábula fugiremos?

Seguramente, não queremos assumir o *papel da madrinha*, que é o papel da mãe confusa e emotivamente ausente, que "abandona o filho no bosque", porque está distraída com muitas outras preocupações. É a mãe que, sem o saber nem querer, favorece – primeiro, na criança e, depois, no jovem – o nascimento do medo, do senso de solidão e da falta de estima.

Também não queremos o *papel da bruxa*, que é o papel da mãe sozinha, que aprisiona o filho ao contrário de fazê-lo nascer, ou o prende em lugar de dá-lo em casamento. Segura-o com o engano, com o "duplo vínculo". É a mãe que, sem o desejar conscientemente, favorece o surgimento dos problemas de controle, as dependências ou as confusões acerca da identidade sexual.

E todo homem não desejaria ver-se no *papel do monstro*, que é o de dilacerar, destruir, violentar, de não deixar espaço para o crescimento do filho que, em lugar de ser amado, é como que temido por sua exuberância.

Seguramente, desejaremos assumir o *papel da fada*, que é a imagem do feminino positivo e da boa mãe que favorece o nascimento do filho, seu crescimento e autonomia. É a mãe que nutre, acode, ama. Está presente no momento certo para acolher o menino perdido ou para valorizar a feminilidade da adolescente e para libertar o príncipe aprisionado, favorecendo o encontro do amor.

E desejaremos ter o papel do *mago bom*, que é a figura masculina positiva, é o velho sábio que conhece os segredos – por virtude ou pela sabedoria nascida da consulta aos livros – para curar, transformar, libertar do mal.

Chega na hora certa, quando o protagonista está em perigo e não pode agir sozinho.

Nós, curadoras e curadores, mas também os educadores e os professores que nos seguiram, escolhemos habitar nas fábulas nas quais pudéssemos exercitar o papel da *fada* e do *mago*!

Gosto de nos ver desta forma: nós no papel de fadas e de magos. São papéis ativados pelos pedidos de protagonistas que parecem impotentes diante dos problemas, que se mostram em dificuldade. Protagonistas que nos trazem histórias despedaçadas a serem recompostas ou reencontradas para que novamente tenham sentido.

Nós, *Fadas e Magos*, passamos a ativar virtudes sonolentas ou energias adormecidas. Vamos tomar pela mão a criança e lhe presenteamos espaços em branco sobre os quais desenhem seu problema, contem-nos sua desgraça, seus pedidos, seus recursos. A seguir, ainda, oferecemos outros espaços, tempos e temas, úteis para reencontrar o caminho de casa ou a estrada do crescimento. Ou ajudamos o jovem – ou a jovem – a se ajudar, a despertar a força da sexualidade e a recuperar a confiança no amor. Podemos também ajudar a mulher a reencontrar a maternidade perdida, o marido extraviado a encontrar de novo sua criatividade, o pai a crer na paternidade ou os cônjuges a desenhar e narrar seu casal para reencontrar sua história atualizada e personalizada, e decidir em que história habitar.

Quais são as belas histórias? São as *próprias* histórias reencontradas, aquelas que nos desafiam a ser sujeitos ativos, e não vítimas passivas ou espectadores.

A narração com desenhos para chegar a ver a cura

Já vimos as *potencialidades* expressivas do desenho, aquelas que exteriorizam além da própria realidade íntima conteúdos pertencentes à vida mental e emocional não visível. Agora, passaremos a ver as *potencialidades comunicativas* do desenho e, a seguir, as *potencialidades terapêuticas*.

As potencialidades comunicativas do desenho

As potencialidades comunicativas do desenho estão ligadas à premissa de que todo comportamento, se inserido em uma relação entre indivíduos, toma um valor de mensagem e, assim, de comunicação. Daí decorre, como afirma Watzlawick,[26] que "é impossível não se comunicar". Fazer algo ou não fazer, falar ou permanecer em silêncio, tudo tem um valor de mensagem.

Assim, também a atividade gráfico-pictórica pode ser considerada por nós uma forma de comunicação. Trata-se de uma comunicação em dois níveis, isto é, na ação de desenhar – no interior de uma relação com o terapeuta – e no desenho como produto a ser decifrado.

Por esse motivo, podemos considerar o *desenho* um instrumento expressivo que se torna *comunicativo* por duas razões: implica uma ação, um comportamento e, como tal, é sempre comunicativo; além disso, é um produto e, como tal, pode ser observado, lido e *significar* alguma coisa para o observador.

Deve-se destacar, porém, que o desenho se torna um meio de comunicação no momento em que um observador decide considerá-lo como tal, fornecendo significado tanto à determinada relação que acaba de ser criada, quanto às mensagens localizáveis no desenho, entendido como conjunto de linhas, cores e formas presentes sobre aquela folha.

As potencialidades terapêuticas do desenho

As potencialidades terapêuticas do desenho estão ligadas ao contexto escolhido, dentro do qual alguém narra alguma coisa a outro, conta sobre si mesmo, pede implicitamente para sair de um estado de sofrimento para ir em direção a outro lugar. O terapeuta em questão tem pressupostos teóricos entre os quais situar a observação daquele desenho, a diagnose e, a seguir, as diversas hipóteses de intervenção.

As premissas teóricas e, pois, os conteúdos deste trabalho são aqueles que se referem ao encaminhamento teórico construtivista, que citarei muito brevemente, sendo muito ampla a literatura disponível. Ao contrário, as aplicações clínicas e, em consequência, o processo e a aplicação prática, que representam o conteúdo do livro, são inteiramente novos. Trata-se de uma pesquisa ainda em ação, que inclui a mim, a meus colaboradores e a todos os alunos.

---

[27] Gregory Bateson (1904-1980), antropólogo, sociólogo, cibernauta, já citado no Capítulo Dois, foi um dos mais importantes estudiosos da organização social do século XX.

O conceito de *narrativa* em psicoterapia sistêmica já é objeto de ampla literatura, tanto no plano teórico quanto em suas aplicações clínicas.

No campo da psicoterapia, a ótica sistêmica, a partir dos anos de 1950, evoluiu, começando a observar e estudar o comportamento humano, não mais isolando o indivíduo de seu contexto, mas considerando os efeitos que seu comportamento tem sobre os outros, as reações que suscita e o contexto em que ocorre a interação. Toda pessoa influencia as outras com o próprio comportamento, e é igualmente influenciada pelo comportamento de outrem. Nossa principal referência teórica é apresentada pela Escola de Palo Alto, ou melhor, por seu grupo de pesquisa que, na pessoa de Gregory Bateson e outros, nos anos 1960, definiu a função pragmática da comunicação, isto é, a capacidade de provocar eventos nos contextos de vida por meio da experiência comunicativa, entendida tanto em sua forma verbal quanto na não-verbal. O *ser humano* é visto, pois, como *agente de transformação* no processo comunicativo.

Chegamos, afinal, aos recentes desenvolvimentos do Construtivismo, isto é, aquela orientação que, no início dos anos 1980, é introduzida e partilhada por diversas disciplinas, segundo a qual a realidade não pode ser considerada algo objetivo, independente do sujeito que a observa, porque é o próprio sujeito que cria, *constrói*, inventa aquilo que crê existir.

Assim, o observador também se vê inevitavelmente incluído no próprio sistema de observação: ele está recursivamente conectado àquilo que vê. O homem é descrito como autor de sua vida, e a terapia considerada diálogo, conversação: uma troca de pontos de vista em diversos níveis de observação, sem procurar pelo certo ou errado. Os pacientes e os terapeutas são considerados interligados na construção dos significados. Daí resulta um novo enfoque dos usuários, vistos como narradores da própria vida, e um novo papel do terapeuta, não tanto visto como o "especialista", mas como o perturbador do sistema, que tem o objetivo determinado de provocar evoluções e mudanças.

Também a diagnose médica e psiquiátrica é substituída por uma linguagem literária de maior amplitude.

Bateson[27] já havia afirmado que nós pensamos por meio de histórias e, desse modo, podemos comunicar, criar e mudar os contex-

---

[27] Gregory Bateson (1904-1980), antropólogo, sociólogo, cibernauta, já citado no Capítulo Dois, foi um dos mais importantes estudiosos da organização social do século XX.

tos, para modificar os pontos de vista. A característica de rigidez das famílias portadoras de problemas relacionais está ligada à dificuldade de conseguir uma descrição diferente de sua realidade, e a tarefa do terapeuta é a de fornecer uma descrição alternativa, outros pontos de vista que tornem a história mais aceitável. O diálogo terapêutico torna-se, então, um intercâmbio de narrações possíveis, construídas pelos protagonistas – terapeuta e paciente – para recontar as histórias iniciais e construir novas.

A construção e a reconstrução das histórias é habitualmente associada ao uso da linguagem verbal, ainda que se utilize das metáforas e dos símbolos para evocar imagens e emoções.

Nesse contexto – e esta é a novidade do livro –vou buscar e percorrer um novo caminho, porque proponho aos alunos, tanto para criar as histórias quanto para representá-las, uma linguagem não-verbal – *o desenho*, exatamente – que, apenas em um segundo momento, ou simultaneamente, é associado à palavra que narra o desenho.

Servimo-nos, pois, da imaginação, dos simbolismos e de toda a esfera emotiva de nosso jovem protagonista para que narre e mostre a sua história, composta de imagens, de cores, de espaços cheios e vazios, de certa energia do traço e determinada colocação de suas figuras no espaço e no tempo.

A seguir, no diálogo com ele, propomos-lhe novos símbolos, aqueles que consideramos úteis para perturbar um sistema fixo, e esses novos símbolos entram em sua história, que terá como desfecho a modificação, a ampliação com novas imagens e, sobretudo, a personalização. Utilizamos, pois, a *comunicação analógica* do início ao fim da história. Assim, podemos falar de *narrativa analógica* que permite *ver* os eventos e seus desenvolvimentos em um diálogo, entre solicitações de símbolos e suas representações gráficas, desembocando na construção de nova trama narrativa que se torna envolvente, porque personalizada: inteiramente em cores e inteiramente narrada por nosso protagonista em seus desenhos, com nossa participação propositiva.

Desta forma, considero Gregory Bateson o mestre de todos nós. Foi com grande fascinação que, uma vez, encontrei suas teorias, e me senti atraída pelo seu convite para nos aproximarmos da arte como de uma forma de cura, arte como "expressão de alguma coisa como a graça ou a integração psíquica".[28]

---

[28] BATESON, G. *Verso un'ecologia dela mente*. Milano: Adelphi, 1972. p. 161.

Bateson cita Aldous Huxley para recordar que, para ele, "o problema fundamental da humanidade é a procura da graça" [...], porque "o homem perdeu a graça que os animais ainda possuem". Em consequência, ele sustenta que "a arte é um aspecto da procura da graça por parte do homem" [...], porque "o problema da graça é fundamentalmente um problema de integração, e aquilo que se deve integrar são as diversas partes da mente – especialmente os múltiplos níveis, dos quais um extremo é chamado 'consciência' e o outro, 'inconsciente'.

Para que se possa obter a graça, as razões do coração devem ser integradas com as razões da razão".[29] E ainda: "Diz-se que 'toda figura conta uma história', e esta asserção geral vale para grande parte da arte, com exceção da narração geométrica".

Outra contribuição teórica, entre muitas, que considero muito estimulante, nos traz Giovanni Madonna[30] 26, autor que nos propõe uma releitura de Bateson e vai realçar a ideia da estética da cura, e descrever um modo de ser terapeuta que parte de uma renúncia: a renúncia àquilo que Bateson descreve como a finalidade extrovertida, isto é, a finalidade de mudar o paciente (ou sua realidade). A finalidade introvertida que, ao contrário, caracteriza uma intervenção sistêmica batesoniana, traduz-se por um modo de intervir "respeitoso, não precipitado, não arrogante"; cheio de confiança na capacidade do paciente de "sarar lentamente, sozinho": isto é, sem que o terapeuta opere na cura, no lugar do paciente.

Trata-se de um terapeuta que aprendeu a curar por meio do encontro, sem procurar aplicar suas técnicas sobre o outro; que sabe utilizar modalidades de intervenção baseadas na narrativa, para acolher e, em seguida, reconstruir histórias sempre novas.

Assim, é enfatizada a fase do pedido de cura expresso pelo paciente, que o terapeuta retraduzirá como proposta-estímulo da *autocura*.

Neste caso, a mudança desejável é a do terapeuta; esta experiência de formação do terapeuta será descrita na Terceira Parte do livro, com a narrativa dos desfechos de *transformação* narrados pelos próprios alunos.

---

[29] BATESON, G., op. cit., p. 161.
[30] MADONNA, G. *La psicoterapia atraverso Bateson. Verso un'estetica dela cura.* Turim: Bollati Boringhieri, 2003.

Abro outra janela para retomar a ideia de Whitaker[31] sobre um tema que muito me fascina, que é exatamente o processo da autocura, no qual a função do terapeuta era simplesmente a de desinfetar os tecidos da ferida, a fim de que as células pudessem se regenerar e chegar à cicatrização. Trata-se, pois, de uma ação que pressupõe a capacidade de autocura dos organismos, capacidade que todas as criaturas possuem em comum com a Criatura, ou seja, com o complexo mundo dos processos mentais que Bateson tinha definido como uma "tautologia capaz de se curar lentamente, sozinha".[32]

Assim, Whitaker ainda convida o terapeuta a "esperar que venha à tona alguma coisa de espontâneo da sua criatividade", a do paciente.[33] Também em minha experiência, verifico, sempre com espanto, este fenômeno da autocura, mesmo nas vidas jovens, com soluções criativas que elas vão encontrar, sempre únicas e imprevisíveis, e que me encantam. Trata-se de uma autocura obviamente dentro de um determinado contexto de cura.

Em todas as histórias que veremos ilustradas na Segunda Parte do livro, é como se a criança encontrasse o seu símbolo para se salvar, frequentemente um animal: um golfinho, um gato, um lobo, cavalo, ou peixe, e encontra o seu caminho e as suas estratégias.

Com essas premissas, parece óbvio que o terapeuta se inclui no campo de observação e de intervenção, para que, junto à criança, ele vá – e o farão juntos – propor e construir a sua história, que pouco a pouco toma forma, em um jogo de intercâmbio de perguntas e respostas, que tem um início, um durante e um final. O grupo de alunos e todos nós, com a cura por meio da proposta da narração gráfica de si mesmo, vamos procurar e ativar a parte mais criativa de nosso interlocutor, sua capacidade de buscar e encontrar o belo do qual ele era portador inconsciente. Vamos propor-lhe esse encontro com a sua beleza, vamos despertar sua sensibilidade, acordando de novo os seus sentidos. É isto mesmo a proposta (terapeuta e criança juntos).

---

[31] Carl Whitaker (1912-1995), conhecido pelas terapias experimentais caracterizadas pela experiência pessoal do terapeuta e sua específica personalidade, como encontro humano do terapeuta com a família, fora das grandes correntes teóricas.
[32] BATESON, 1979, p. 272.
[33] WHITAKER, C.A.; BUMBERRY W.M. *Danzando con la famiglia*. Roma: Astrolabio, 1989 p. 207.

Nós queremos ser – porque assim o escolhemos – aquela Princesa ou aquele Poeta que vai beijar a fábula adormecida do nosso jovem, para acordá-la, e para despertar, tornando-a visível a todos, a beleza que ela encerra.

As fábulas, onde estão?
Existe uma em cada coisa:
na madeira, na mesinha, no copo, na rosa.
A fábula está ali dentro há muito tempo, e não fala:
é uma bela adormecida e é preciso acordá-la.

Mas se um príncipe ou um poeta não vier beijá-la,
em vão uma criança esperará por sua fábula. [34]

Com essa disposição, procuramos acolher as histórias que nossos interlocutores nos trazem, para participar ativamente da construção de novos sentidos que serão dados às próprias histórias, tomando em empréstimo, o máximo possível, o ponto de vista das crianças e os seus sentidos.

Dentro desta moldura de premissas, exatamente do construtivismo, com a confiança do terapeuta que crê na participação ativa do indivíduo, procuramos encontrar suas soluções para os problemas de adaptação, a fim de que não devesse mais apenas obedecer, ou apenas desobedecer, mas pudesse contar com um Eu capaz de escolher entre alternativas, para ser capaz de melhorar as relações consigo mesmo e com suas pessoas significativas.

Nesta perspectiva, a terapia funciona como uma narração, isto é, um tornar-se consciente da possibilidade de uma reescritura da própria história, logo, um percurso que permite encontrar novas possibilidades de construir, no espaço da relação terapêutica, novos caminhos para a própria identidade e a própria realidade.

---

[34] Gianni Rodari (1920-1980), famoso autor de livros para crianças.

CAPÍTULO 4

O interior e o exterior da casa: tudo em cores

- **Qual é a origem das cores?**
  Um nascimento científico e uma pesquisa científica

- **Nosso dia se colore com as sete cores do arco-íris**
  ... de violeta
  ... de azul-escuro
  ... de azul-claro
  ... de verde
  ... de amarelo
  ... de alaranjado
  ... de vermelho
  e ainda de outras cores

- **A cura é em cores**
  Para transformar o pesado e buscar a leveza

Qual é a origem das cores?

Um nascimento poético

A palavra *origem* me lembra a história da origem do mundo! "A terra então estava informe e vazia, e as trevas cobriam o abismo..."

As cores apareceram porque Deus estava triste sem elas.

Faz-me sorrir imaginar assim a história das cores!

A primeira escolha de Deus foi exatamente aquela de sair da escuridão e das trevas e criar a Luz: "e houve luz", e viu que isso era belo, e prosseguiu em sua obra de separar as cores uma das outras, e pintou primeiramente um imenso arco-íris, para encontrar inspiração. E uma a uma, chamou as cores e lhes designou uma função precisa.

Criou primeiro as cores da noite e pintou o céu de intenso *violeta*, e o desejo de prosseguir acendeu-se rapidamente, até que transformou o céu, totalmente *cor de anil*, e viu que isso trazia paz, e podia gozar da quietude do repouso.

E pintou de *azul-escuro* todas as águas, para nos encher de mais calma ainda. E o projeto de prosseguir agradou-o, e pintou de *azul-claro* o céu, e seu olhar estava encantado com essa luz: agora era madrugada e podia descer sobre a terra e enriquecer seu mundo com as cores do dia.

E o encontro do céu com a terra gerou a vida, e deu a cor *verde* para o crescimento dos seres vivos, às folhas, à erva, às hastes das flores, e viu que isso era belo e fez a opção de prosseguir até a maturação, e a coloriu de *amarelo*, com as flores da primavera e os grãos do verão.

Neste ponto, a criação tinha atingido o ápice de sua magnificência, e decidiu perseverar e criar outros frutos com o *alaranjado*, até atingir o acabamento de sua obra com o *vermelho*. Depositou nele toda a energia restante. Festejou com um grande fogo.

E ali se deteve e descansou: eram passados sete dias. E viu que tudo era belo. Com as cores restantes, pintou todas as estações com flores de cada cor, e Deus não estava mais triste; então, tomou estas cores e presenteou-as ao homem, para que enchesse os olhos com a *beleza*, e a pele com a *energia* que delas emanava.

E as *cores* continuavam a irradiar *luz* e *energia*, e os homens, que são sensíveis e curiosos, começaram em definitivo a olhar, sentir e experimentar o efeito benéfico das cores. E fizeram muitas hipóteses e muitos estudos, e ainda hoje estão a se perguntar como utilizar a energia e a beleza das cores para tornar a vida menos triste, e eu com eles, para colorir nossas histórias e acender as cores nas histórias escuras e tristes, nas quais somos convidados a entrar.

Se desejamos conhecer as características e os efeitos que as cores exercem sobre nós, prossigamos na leitura. Cada cor é observada utilizando-se, ainda que de maneira sintética, os saberes e os estudos que filósofos, psicanalistas e pintores interessados no assunto nos forneceram. [35]

A *última sessão sobre cada cor* é dedicada ao ponto de vista de Leonardo Marletta, um médico-psicólogo que aprofundou os estudos sobre a teoria psicológica das cores e começou a experimentar suas teorias na prática clínica, como médico escolar, depois de ter observado que as crianças que lhe eram encaminhadas apresentavam sempre distúrbios idênticos, desde a dor de barriga à dor de cabeça e aos distúrbios comportamentais. A partir dessas observações, adotou uma metodologia de trabalho, experimentada com sucesso, e posteriormente teorizada e recolhida em um texto.[36]

No trabalho com o 'desenho dirigido' que irei demonstrar e apresentar nos próximos capítulos, utilizo esta *referência teórica* específica na interpretação do significado das cores e das formas, que é, como eu disse, sustentado por Marletta através de estudos teóricos e pesquisas de campo, e que ele coloca no interior do método ECE (Emoção e Comunicação).

Em colaboração com Paola Pacifico[37], ele sistematizou, após anos de *pesquisaação*, as experiências teóricas e clínicas que realizaram, tornando-as objeto de Cursos de Formação no âmbito sanitário, escolar e empresarial.

---

[35] Para aprofundar o tema, que é muito vasto, aconselho ver os estudos e as pesquisas recolhidos no volume de Widmann, porque constitui o mais amplo trabalho sobre a simbologia das cores, e utiliza os mais representativos autores das várias disciplinas. WIDMANN. *Il simbolismo dei colori* (2000). Roma: Ed. Magi, 2003.

[36] MARLETTA, L. *L'interpretazione dei colori.* Milano: Editrice Età di Urano, 1977.

[37] Paola Pacifico, psicóloga e antropóloga.

Nosso dia se colore com as sete cores do arco-íris

O violeta

É a primeira cor do arco-íris e precede o azul, simbolizando a urgência do nascimento de toda dinâmica, o estado originário. O violeta nasce da fusão do azul da noite com o vermelho do dia.

Para Jung[38], o violeta indica "a união de duas naturezas" de corpo e espírito, de vermelho e azul, é a união do sacro e do profano. O violeta exprime, pois, nosso caráter duplo e ambivalente.

O violeta é a cor da síntese entre os opostos. É o encontro, dentro de nós, de nossos opostos, para chegar à integração e à realização. É uma cor fugidia, de equilíbrio instável.

O violeta é a cor dos nossos conflitos de adolescentes em relação aos pais. E é a cor dos conflitos entre o masculino e o feminino dentro de nós e fora de nós, é a cor das lutas do feminismo como movimento de integração do masculino no feminino. É a cor da luta e da integração entre os dois sexos.

Sendo o arquétipo daquilo que, ao se transformar, torna-se *diferente*, o violeta vai colorir os mundos da *diversidade*, tanto sexual quanto do ocultismo, do esoterismo e do mágico. É a cor do lado direito do cérebro, analógico.

Na psicologia individual, as fases da evolução são marcadas pelo arquétipo violeta, além do nascimento da consciência na humanidade e do nascimento do consciente no indivíduo singular.

No *Teste de cores* de Lüscher, o violeta é a cor escolhida por 75% das crianças. Lüscher[39] o define como a cor da transição. De fato, ele vai além das fronteiras do próprio reino para entrar em um território *diferente* de si mesmo. Por isso, o violeta significa *metamorfose*, passagem de fronteira para outro mundo, "onde vigoram valores espirituais diferentes".

Violeta é o nome de uma cor, de uma flor, é o nome de uma mulher e, ainda, em italiano [*viola*], o nome de um instrumento musical. Nas flores, o violeta toca a imaginação humana por sua delicadeza, mas graças ao poder de seu perfume é associada à sedução,

---

[38] JUNG (1934/1950). *Gli archetipi e l'inconscio collettivo*. (Opere, IX/I). Turim, 1980. p. 305.
[39] LÜSCHER, M. *Il test dei colori*. (1969). Roma: Casa Editrice Astrolabio, 1976. p. 19.

assim como o *violinar* é um pouco como querer conquistar a estima de alguém. E a viola, instrumento de cordas, tem uma forma muito feminina e som muito delicado, ainda com a variante desse instrumento, que é exatamente a *viola d'amore*, que pode apresentar sete cordas sobre o teclado, em vez de cinco, e catorze cordas por baixo, que vibram por ressonância com as primeiras, as quais, soando em uníssono, criam efeito de harmonia unitária.

Eis os símbolos do violeta: flor – perfume – música – feminilidade, que irão criar uma atmosfera de sensibilidade e de sentido estético como solução para o desequilíbrio.

Mas ele permanece apenas como uma tensão *na direção de*, porque o arquétipo do violeta traz uma experiência sempre fugidia e, por isso, em transformação, porque, como dizia Steiner[40], é uma cor que *sempre escapa e foge*.

Para Marletta,

> *a cor violeta* é uma das cores que aparece mais frequentemente nos desenhos livres das crianças. Representa, de fato, *a urgência de se expressar*. Sua presença frequente relaciona-se a uma situação ambiental que não permite à criança mover-se livremente em todos os setores, por causa das regras ou normas de comportamento que lhe são impostas.[41]

É a primeira cor do arco-íris, a cor da urgência de alguma dinâmica de nascer. Expressa, além disso, a procura de um mundo mágico, mundo onde o desejo e a realização possam coincidir.

Essa situação de conflito pode referir-se à esfera da linguagem e da escrita por causa da limitação ou do bloqueio expressivo das emoções, ou pode ligar-se à esfera dos comportamentos, manifestada por hiperatividade ou escondimento, pelo uso impróprio do espaço físico, sem limites ou com limites excessivamente rígidos.

A localização do violeta no desenho nos revela as urgências da criança, onde e quais são suas urgências. Uma utilização terapêutica do violeta, proposta por Marletta, está associada a um desenho livre a ser feito apenas com as cores violeta e vermelho, seja para curar sobrecargas presentes naquele momento (a dor de barriga), se-

---

[40] STEINER, R. *L'essenza dei colori*. Milano: Editrice antroposofica, 1977. p. 11.
[41] MARLETTA, L., op.cit., 1977.

jam distúrbios mais profundos ligados a situações de constrangimentos prolongados.

O azul-escuro [blu]

O azul-escuro é a cor da noite e, por isso, da imobilidade, das potencialidades, da introversão, do movimento centrípeto, do lado feminino que existe em nós. É a cor do céu, do infinito, a cor de nossos projetos e de nosso pensamento reflexivo.

Kandinski o associa à cor da meditação com sua própria inclinação para a introversão, "desenvolve um movimento concêntrico, como um caracol que se refugia em sua concha".[42]

Além do azul-céu e do azul-mar, e se pensamos na estreita ligação simbólica que existe entre água e mãe, o azul torna-se a cor de nossa relação com a mãe, um vínculo que a língua francesa exibe com o binômio *mer-mère*: mar-mãe. E mesmo Jung sempre associou o azul à figura materna. Em nossa tradição religiosa, os temas do azul-escuro e da mãe são encontrados personificados na Madona [Nossa Senhora], mãe celeste, vestida de azul-claro e escuro, arquétipo da boa Mãe.

O arquétipo da boa mãe é encontrado também nas figuras das fadas; a fada boa de Pinóquio tinha os cabelos turquesa.

Se o vermelho é a cor da ação, o azul-escuro é a cor de nossa esfera afetiva e de nossa dedicação aos outros. Para a psicanálise, é uma cor *oral* com características de *doçura*. Se, seguindo as categorias de Lüscher, nós somos o tipo *azul-escuro*, procuramos um vestuário discreto e amamos cuidar da casa e personalizá-la com flores, instrumentos musicais e objetos capazes de criar uma atmosfera de intimidade e acolhimento. Se experimentarmos fitar longamente essa cor, sentiremos um efeito de repouso, satisfação e harmonia. De fato, o azul-escuro é a cor do silêncio, da calma e tranquilidade. É a cor da contemplação e espiritualidade. E se entrarmos em um cômodo azul-escuro, observaremos que nossos batimentos cardíacos diminuem e a sensibilidade ao frio aumenta, enquanto os objetos nos parecem menores e mais leves.

Para Marletta,[43]

> o azul-escuro representa a intensidade da expressão. É intenso tudo aquilo que está carregado de alguma coi-

---

[42] KANDINSKI, 1974, p. 110.
[43] MARLETTA, op. cit, p.18

sa. Podem estar carregados tanto de um sentimento quanto uma comida ou um texto. Mas também pode ser carga da intenção que se deseja expressar... A intensidade representada pelo azul escuro é aquela que expressa as próprias capacidades.

No desenho das crianças, as partes da figura humana ou os objetos coloridos de azul escuro indicam a sua capacidade potencial de expressão.

Além disso, com o azul-escuro está a expressão do próprio lado sentimental. Em relação ao tempo, ele representa o passado.

Obtêm-se bons resultados quando sugerimos a cor azul-escuro às crianças que se apresentam como superficiais ou com excessivo movimento, porque provoca efeito calmante e distensivo.

O azul-claro [azzurro]

A literatura não traz estudos significativos sobre esta cor, frequentemente identificada com o azul escuro. O azul claro é a cor do céu diurno, algo de longínquo que nos seduz e atrai, e acende nossa imaginação, que se transporta além do visível.

Para Marletta,[44] "esta é a fonte da sensibilidade psíquica, que permite perceber a realidade exterior, além dos limites dos cinco sentidos, e projetar as próprias realidades interiores". Muitas vezes, na criança, essa sensibilidade psíquica se expressa com um forte senso artístico e estético, manifestado em sua vida diária. A utilização do azul-claro nos desenhos é muito comum, testemunhando a presença muito frequente dessa qualidade nas crianças.

Nos adultos, essa qualidade frequentemente se apresenta nos artistas, nos terapeutas e educadores. A força da sensibilidade psíquica é aquela da cura e da autocura. E sempre pode ser reativada se estiver bloqueada, e pode ser utilizada quando já ativa. É útil sugerir o azul-claro às crianças que apresentam dificuldades de linguagem ou que são definidas como fechadas e tímidas.

O verde

Na natureza, tudo o que existe de verde está em crescimento: é verde o capim, é verde o caule das flores, são verdes as folhas. O

---

[44] Ibidem, p. 22.

verde é a cor da vegetação, da natureza e da própria vida. É a cor da primavera que renasce da força da natureza. Costuma-se dizer dos principiantes que são artistas *verdes*, isto é, ainda por amadurecer.

É a cor da clorofila e da vida vegetal, o arquétipo da vida vegetativa e, por isso mesmo, do vegetativo que existe em nós.

Para Lüscher, o verde é a cor do sistema neurovegetativo, que pode ser ativado pelo verde azulado. Os símbolos do verde são, por excelência, aqueles da natureza vegetal e dos níveis neurovegetativos da natureza humana e animal. É a resistência à morte, própria das árvores sempre verdes.

Kandinski [45] nos aponta a falta de movimento do verde: "o verde absoluto, não se move em nenhuma direção, não possui qualquer traço de alegria, de tristeza, de paixão, não deseja nada, não aspira à coisa alguma".

É um elemento imóvel, satisfeito consigo mesmo, limitado em todas as *direções*" e por essa característica de equilíbrio, ele o associa à profundidade produzida pelo som do violino.

No verde, de fato, são compensados o impulso centrífugo do amarelo e o impulso centrípeto do azul-escuro, com o efeito de quietude e sensação de repouso.

Se formos o *tipo verde* de Lüscher, isso indica que temos a capacidade de nos autodeterminar e nos renovar, e seremos capazes de aperfeiçoar determinadas qualidades para nos tornarmos especialistas em qualquer campo. Esse tipo se manifesta entre os ousados alpinistas, os engenheiros e os homens de negócio, todos dotados de um senso amplo e acurado da realidade exterior em todas as suas manifestações.

E mais: se formos *verdes*, amamos a propriedade e o domínio sobre nosso território. A casa do *tipo verde* realça os objetos que expressam valor pessoal ou o status social e econômico, com objetos de luxo, ou então objetos que expressem o talento pessoal, com a exposição de diplomas, certificados, taças de mérito.

Lüscher diz que dinheiro e prestígio são objetos sobre os quais o *tipo verde* fundamenta o próprio orgulho e a própria ilusão de segurança.

Em síntese, o sentido de concretude e praticidade do tipo verde corresponde à estabilidade e à solidez que vêm da terra e corresponde ao mundo dos valores e tradições adquiridas.

---

[45] KANDINSKI, 1974, p. 110.

Para Marletta,[46] *o verde é a cor do crescimento*. Crescimento do eu, crescimento do processo de maturação e crescimento da esfera intelectual com todos os problemas de relacionamento com os outros.

Todas as forças são centralizadas em torno do eu, que reúne todas elas para assinalar a passagem do "eu quero" do violeta para o "eu sou" do verde.

O verde é a cor que se forma do encontro amarelo-dia com o azul-noite. A natureza o apresenta como sustentação de toda flor, como campina, folhagem etc. Na natureza, todo crescimento veloz se expressa com o verde.

Nos desenhos das crianças, o verde também é muito usado; é interessante vê-lo associado ou contornado pelo preto para verificar a massa do crescimento de determinada dinâmica. Ou então, a ausência prolongada do verde é um indicativo de sua dificuldade para crescer. Nas propostas terapêuticas, para desbloquear as dinâmicas do crescimento, propomos desenhar os símbolos que a natureza nos oferece, associados ao verde-crescimento, como o capim recém-nascido ou uma árvore que cresce, para dar à criança a mensagem de que o crescimento é um fato natural, a ser utilizado como um tema com o qual se identificar. Por meio de uma série de desenhos, a criança chega muito rapidamente as respostas destas propostas, com temas de *autoafirmação* sempre surpreendentes.

O amarelo

O amarelo é, antes de tudo, a cor da luz e tem, por isso, um movimento de irradiação. Saindo de um ponto central, a luz irradia em todas as direções. Goethe fala de um "impulso motor excêntrico", e identifica esta cor com um movimento de "irradiação da força para o entorno".[47]

Max Lüscher diz que o amarelo pertence ao caráter psíquico de abertura e de expansão, e usa a metáfora do túnel para explicar que o azul-escuro é a entrada, e o amarelo, a saída dele. E o autor ainda associa o amarelo ao sentido de libertação; corresponde a uma forte gargalhada, ao orgasmo, acúmulo da excitação, e corresponde

---

[46] MARLETTA, 1977, p. 28.
[47] GOETHE, J.W. *La teoria dei colori*. Milano: Il Saggiatore, 1981.

à solução de um caso policial [*caso giallo*, no original]. É a cor da liberdade transgressiva, da liberdade que vai além dos limites.

Do ponto de vista físico, a luz é muito mais refletida pelos corpos amarelos e, assim, permanece mais na superfície, o que confere aos objetos um caráter de leveza.

O amarelo é uma cor estimulante e excitante; para Kandinski,[48] ele "emite um som comparável ao de uma trombeta aguda tocada cada vez mais forte, ou a um som de fanfarras cada vez mais alto".

O amarelo possui, pois, energia que se projeta em todas as direções. Psicologicamente, o amarelo corresponde ao consciente que jorra do *Self*, que se realiza.

O sol de ouro e o amarelo são os símbolos associáveis. De fato, o amarelo é a cor do sol e do grão maduro; também é interessante realçar que as primeiras flores a abrir na primavera são de cor amarela, até explodirem, depois, com o girassol no verão, para chegar às folhas amarelas do outono.

O amarelo é a cor de Van Gogh, por ele experimentada em todos os matizes e em muitos de seus temas, com alegrias e tormentos, até o ponto de se transformar no arquétipo do amarelo.

Seguindo as categorias de Lüscher, se nós somos o *tipo amarelo*, acabaremos por nos reconhecer como sujeitos livres, abertos e alegres, cheios de fantasia e de sonhos, com os cabelos soltos ou despenteados e roupas não convencionais. Sempre à procura do novo, da mudança, da libertação dos esquemas.

A casa do *tipo amarelo* é uma casa aberta, com amplos espaços e vidraças que deixam entrar muita luz; o *tipo amarelo* é um tipo leve, que ama voar, projetado para o futuro.

Os conteúdos simbólicos que pertencem ao amarelo são a velocidade de mudança, a superficialidade das relações, a fábrica dos sonhos.

Para Marletta,

> a cor amarela representa a seletividade, a capacidade de escolha e a intuição. Uma vez iniciado o processo de crescimento, o ser humano se encontra diante da necessidade de escolher entre todos os elementos que a realidade lhe oferece para poder evoluir em sua maturação e evolução.[49]

---

[48] KANDINSKI, 1974, p. 109.
[49] MARLETTA, 1977, p. 32-36

O amarelo é a cor da luz do dia e do sol, muitas vezes usado nos desenhos das crianças para pintar o sol, ainda que, talvez, por efeito de um condicionamento externo. É interessante ver ainda onde o amarelo é localizado na folha, para verificar sua capacidade de ser espontâneo ou, ao contrário, é útil como sugestão para estimular a espontaneidade, ali onde verificamos senso de perfeccionismo ou dificuldades em fazer escolhas pessoais.

É útil sugerir o amarelo para estimular a capacidade de escolher naquelas crianças que parecem dependentes das situações exteriores ou, como se costuma dizer, inconcludentes.

O alaranjado

Na literatura, ele aparece habitualmente associado ao vermelho, atribuindo-se ao alaranjado as mesmas qualidades.

Na hipótese usada por Marletta, com a referência principal do arco-íris, esta cor tem sua autonomia e um significado próprio. Para este autor, "toda vez que foi feita uma escolha pelo amarelo, ela é seguida pelo alaranjado, a cor da perseverança. Assim, o alaranjado pode ser definido como a cor da *evolução*".[50]

Por isso, a presença do alaranjado nos desenhos indica-nos a capacidade da criança de consumar as próprias escolhas e de perseverar no caminho empreendido. Na terapia, ele é usado para estimular a perseverança, depois de ativar a capacidade de escolha da criança; é usado como reforçador para estimular a positividade da criança e levá-la a perceber isso.

O vermelho

É a primeira cor que os neonatos começam a reconhecer, a primeira a que todos os povos deram um nome. É a cor do Sol, símbolo por excelência da energia vital, masculina. É a cor do fogo, símbolo da transformação. É a cor mais vital, excitante e vivaz. É a cor da energia em suas mais variadas manifestações.

Virgílio é a figura vermelha que conduz Dante ao conhecimento interior. O vermelho é energia, escreve Kandinski, "suscita

---

[50] Ibidem.p

uma sensação de força, energia, tensão, decisão, alegria, triunfo etc. No campo musical, recorda também o som de fanfarras".

Diz ainda: "Age interiormente como uma cor bastante viva, acesa, inquieta, na qual se exprime uma maturidade, por assim dizer, viril".[51]

Para Lüscher,[52] o vermelho significa *apetite* em todas as suas manifestações, desde o amor mais apaixonado, ao apetite pela comida, pelo sexo, aventuras e objetos.

Como cor vital, o vermelho é associado aos sabores fortes. A rosa vermelha é o símbolo, por excelência, do amor ardente e passional.

O vermelho é a cor do coração, tanto do ponto de vista físico quanto simbólico: é a cor do amor, da paixão e da sensualidade. Os filmes "de luz vermelha" são filmes de fundo sexual.

Chagall usa o vermelho para pintar e comunicar com seus quadros o sentimento de um eros cósmico. Chapeuzinho Vermelho é exatamente a personagem que vai ao encontro dos perigos da sedução. É a cor do movimento e da atividade. A luz vermelha possui, de fato, um intervalo de comprimento de onda mais amplo e, por esse motivo, suas vibrações podem ter um efeito estimulante. O vermelho é a cor que pode mover-se mais rapidamente, mantendo preso a ele nosso olhar. Foi demonstrado que a exposição ao vermelho acelera os batimentos cardíacos e estimula a produção de adrenalina.

Por sua natureza agressiva e sua associação à cor do sangue, o vermelho foi anexado a Marte, o deus da guerra e o planeta vermelho.

Para Lüscher, se somos *tipos vermelhos*, seremos pessoas ativas e excitáveis, gostamos de falar depressa e em voz alta, temos uma aparência ativa e vivaz, e a musculatura bem desenvolvida e tônica. Iremos preferir os esportes de ação e competição, amamos o risco e a aventura, temos gosto pela velocidade e paixão pelos motores, amamos a dança e as músicas ritmadas ouvidas em volume alto. Temos preferência pelos *thrillers* e filmes de guerra.

É a cor do *playboy* e do desejo de conquista. É a cor de quem se propõe como personagem interessante, digno de admiração.

É vermelho o ruído ensurdecedor das discotecas ou o ronco dos motores. Sendo o vermelho a cor do sangue e do coração, está ligado a formas psicossomáticas da hipertensão e do infarto, e na

---

[51] KANDINSKI, 1974, p. 113.
[52] LÜSCHER, 1983, p. 19.

esfera sexual, à potência-impotência. São vermelhas as práticas de *doping* por meio de substâncias estimulantes e são vermelhas as absorções de drogas excitantes ou a velocidade das noites de sábado.

Em síntese: o vermelho é a cor do coração e do amor, do dinamismo e da vitalidade, da paixão e da sensualidade, do entusiasmo e do calor.

O Amor, o Fogo e o Vermelho são como sinônimos na simbologia da Criação. Para Marletta, "o vermelho é a cor *da intensidade na ação*. É a cor mais carregada de energia e expressa a força vital da criança, a sua necessidade de ação, a necessidade de estar agindo no mundo com toda a sua pessoa, com o seu corpo".[53]

De fato, o vermelho é uma cor frequentemente escolhida pelas crianças, e é interessante ver onde é localizado, em que partes do corpo ou em quais objetos, para entendermos quais ações ela quer expressar.

Muitas vezes, o vermelho é proposto por nós mediante um desenho livre, quando desejamos libertar as situações de bloqueio emocional ou psicofísico, ligadas à necessidade de expressar movimento e ação.

As outras cores

... e se vamos além do arco-íris, nossa jornada se pinta de outras cores...

O marrom

O marrom nasce do amarelo-vermelho por um processo de escurecimento através de uma pitada de preto. O marrom está associado principalmente à terra, com todas as gradações que os pintores encontraram: terra natural, terra queimada, terra de Siena etc.

Ligado ao arquétipo da terra está o arquétipo materno. Por esse motivo a cor marrom, que é a cor da terra, teria as mesmas características de cor passiva, de sustento, de acolhida e de abraço, onde se pode parar e aninhar. É o lugar-cor que recebe e acolhe a vida; não

---

[53] MARLETTA, 1977, p. 40.

gera a vida, mas a recebe e acolhe. Para Lüscher,[54] é a cor de uma "pertença tranquila" e da participação na intimidade.

No "Teste de cor", o marrom é escolhido "como exigência de repouso e regeneração", como cor que evoca passividade, acolhida e regeneração. De fato, para esse autor, o marrom perderia, com o preto, a influência do vermelho, mas não a sua vitalidade.

O marrom é também a cor dos sabores amargos: as ervas amargas (digestivas), o café, a cerveja preta.

Se, além do aspecto simbólico, observamos o aspecto telúrico, ligado à agricultura, a terra não é apenas um ambiente para proteger a vida, mas elemento fecundo que produz e faz crescer a vida dentro de si.

Sempre associando a terra ao arquétipo materno, a Antropologia nos sugere dois temas para reflexão, ligados à *mãe terra*, que são o parto (nascimento) no início da vida, e a sepultura no final da vida. Esses dois ritos testemunham fé na capacidade da terra de regenerar a vida. E o marrom encarna esta qualidade da terra e assume o seu significado simbólico de regeneração.

Se seguirmos, além disso, as pegadas da mitologia, vemos que, na narrativa bíblica, o homem foi criado com pó, barro e terra; mas também na tradição chinesa e na egípcia, o homem é modelado em um torno do deus oleiro. Por aí, vemos que o homem é terra, e o marrom é também a cor da corporeidade e da fisicidade.

Recordemos, pois, que as fezes são marrons e encarnam o duplo sentido de nojo e de sujo, por um lado, mas também de prazer erótico, por outro, o que explica o prazer infantil de brincar com as fezes. O marrom é, pois, simultaneamente, a cor deliciosa do chocolate e a cor desagradável dos excrementos, o máximo do gosto e o máximo do desgosto.

Mas o marrom é também a cor da madeira, matéria-prima e fonte de satisfação física e material. Seguramente nos evoca imagens de paz de uma casinha de madeira na montanha, em meio às árvores, ou a lenha que estala nas lareiras ou toma formas e odores dos móveis de nossa casa, ou o calor do assoalho sobre o qual andamos descalços.

Lüscher: "Se um material orgânico como a madeira, com seus tons marrons, é tão utilizado no mobiliário, é porque desta

---

[54] LÜSCHER, 1979, p. 39.

forma, obtemos a intimidade e o conforto exigidos em uma mora-
dia".[55]

Em síntese, o marrom corresponde à sensação da *corporeidade*.
A grande necessidade, a indiferença ou a rejeição desta tinta indicam, portanto, uma clara inclinação ao que é corpóreo e material, e
aos prazeres físicos.

Para Marletta, "a cor marrom é a cor da alegria de viver. Representa o ato de enfrentar a vida, não sentindo o viver como sofrimento".[56]

Nos desenhos, com frequência, ele é associado às árvores, às
montanhas ou a objetos escolhidos pela criança, que vão expressar a
dinâmica correspondente. Como indicação terapêutica, sugerimos a
utilização do marrom às crianças que se mostram depressivas e com
reduzida confiança em si mesmas, em resultado de grandes adversi-
dades vividas por elas, para dar mensagens de força, típicas do vermelho que ele contém, e de energia para poderem superar as dificuldades.

O cinza

O cinza nasce da união de branco e preto variavelmente mis-
turados. Como a luz e as trevas se misturam, mas não se fundem, o
cinza não é nem luz nem trevas.

Usamos muitas vezes as expressões *dia cinzento* ou *existência
cinzenta*, para dizer que são tediosos e pouco interessantes.

O tédio, o desinteresse e a monotonia pertencem ao arquétipo do cinza. Assim como o conformismo e a mediocridade, o
cinza se situa no centro e está equidistante do branco e do preto.

De fato, Lüscher compara o cinza à "terra de ninguém".[57] Cor
estática, uniforme e neutra para Kandinski, o cinza é "imobilidade
desolada"[58]. O cinza é também a cor da velhice física, dos cabelos
grisalhos, e emotiva, com o afastamento dos encontros e dos interes-
ses pessoais.

---

[55] LÜSCHER, 1983, p. 39.
[56] MARLETTA, 1977, p. 54
[57] LÜSCHER, 1979, p. 83.
[58] KANDINSKI, 1974, p. 113.

O cinza é a cor de nossa névoa que, como bem demonstrou Fellini, confunde e dá o sentido de perda, achatando todo o ambiente e tirando a forma das formas, criando um efeito de indistinção. Até a *visão enevoada* é sinal de menor lucidez. O cinza também pode ser percebido de modo positivo por quem não gosta de se expor, quer se isolar, retirar-se em um espaço não muito definido, como o do cinza. O *tempo cinzento* e os *tempos cinzentos* são expressões com as quais expressamos o tédio com o mau tempo e o cansaço de viver.

Em síntese, o cinza é a cor do desinteresse emotivo, uma terra de ninguém, privada de vida. Escolhe-se o cinza para definir distância e não envolvimento.

Para Marletta,

> o cinza e o preto representam a tensão e a inatividade. O cinza representa um estado de tensão. Não no sentido de uma tensão que se apresenta como impulso criativo para atravessar uma fase de maturação, mas tensão conflitiva, que tende a criar angústia ou ansiedade na criança. [...] O cinza frequentemente é desenhado como um movimento próprio, devido ao estado de confusão interior que exprime.
> Pelas características quase neutras da cor cinza, do ponto de vista cromático, o sentido de sua presença nos desenhos é também o de desejo de uma atitude de fundo, de não envolvimento, no sentido de uma reduzida participação emocional com o ambiente, e o desejo de não assumir responsabilidades que, em determinada situação a criança vê como excessiva."[59]

É interessante, pois, ver onde a criança irá localizar o cinza, para entender o que ela nos revela e o que solicita, enquanto a ausência do cinza deve ser considerada como um sinal positivo.

O preto

O preto é o símbolo das trevas e do desconhecido, do escuro, do inconsciente, da ignorância e do mistério.

Para Kandinski, o preto é "a cor menos dotada de som".[60]

---

[59] MARLETTA, 1977, p. 45-46.
[60] KANDINSKI, 1974, p. 113.

Cromaticamente, o preto é uma cor absoluta, dada a ausência total da luz; psicologicamente, é a cor do absolutismo, seja qual for sua forma de expressão. Os integralismos de todos os tempos se coloriram de preto: o fascista e o inquisitório, o judaico e o islâmico.

Mesmo nas situações em que é preciso celebrar a intransigência e o absolutismo, as pessoas se vestem de preto, e então temos as togas dos juízes e as túnicas dos padres, o xador e o véu das freiras, a toga dos professores universitários e o avental das professoras e dos alunos.

O preto é a cor de muitos heróis e personagens fortes, como Diabolik, o Zorro ou o Batman. O homem poderoso utilizado para amedrontar as crianças é o Homem Preto. Assim como é preto o lobo ou o vestido da bruxa. Até o gato preto continua sendo objeto de superstição.

O preto é o símbolo da "Sombra" que, para Jung, representa o lado negativo da personalidade. O preto é, pois, o símbolo da inibição dos afetos, e de tristeza e melancolia.

Para Marletta,

> [...] *o preto é a cor da inatividade*. Representa o estado de sono de uma ou mais dinâmicas interiores que a criança vive naquele momento. De fato, o preto não é sequer uma cor: é o escuro, o contrário da luz, e sabemos que toda cor tem necessidade da luz para se manifestar. O preto é a matriz, o nada do qual saem todas as cores. Assim, o preto sempre significa repressão de uma situação interior".[61]

Ele está presente com frequência nos desenhos e irá expressar os condicionamentos que a criança sofre do ambiente em que vive.

É interessante, também, ver a localização do preto, em particular nas figuras humanas, ou a utilização do preto para contornar objetos ou cenas: é muito útil para entender o que a criança nos mostra de inativo e inexpressivo.

Marletta nos sugere que "do ponto de vista da terapia expressiva, a sugestão de usar a cor preta é eficaz naquelas crianças que apresentam um desenvolvimento sexual precoce e são particularmente excitadas e nervosas. A vibração do preto é o melhor calmante".

---

[61] MARLETTA, 1977, p. 47.

O branco

Na teoria de Newton, uma superfície é branca quando reflete simultaneamente todas as radiações cromáticas, teoria demonstrada com o experimento que todos conhecemos: um disco colorido em gomos, com todas as cores do arco-íris, que, girando rapidamente, aparece-nos na cor branca. Logo, o branco corresponde à soma de todas as cores.

O significado simbólico do branco é o de ser uma cor absoluta, a cor da totalidade. Por isso, é a cor das divindades e do transcendente.

Se o preto é a cor noturna e das trevas, o branco é a cor diurna e da luz. Enquanto cor da luz, o branco é empregado em muitos setores para acentuar a luminosidade. Na arquitetura, dá-se maior luz ao ambiente pintando de branco as paredes ou equipando-o com móveis brancos.

No vestuário, ilumina-se a expressão da aparência com uma roupa branca.

Assim, o branco é a cor da luz por sua característica física de refletir melhor as ondas luminosas.

Do ponto de vista psicológico-analítico, a luz é o símbolo universal da consciência.

Segundo as teorias de Jung, a formação do consciente se expressa simbolicamente como nascimento da luz; a experiência da *consciência* é associada à *iluminação*.

No Oriente, tanto no budismo quanto no hinduísmo, o branco é a cor típica da consciência e da iluminação. A afinidade entre branco e conhecimento, e entre branco e clareza, é muito conhecida.

Para Kandinski,[62] o branco ressoa "sobre nossa psique como um silêncio muito grande que, para nós, é absoluto", um silêncio de paz que antecipa um nascimento.

No rito cristão do batismo, utiliza-se uma veste branca sobre o recém-nascido, para celebrar a entrada oficial da criatura na vida, assim como em nossa cultura o vestido que as esposas usam no dia do matrimônio assinala o ingresso na nova casa e na nova vida.

E sendo o branco a cor do início e dos iniciantes, pode ser atribuído facilmente aos candidatos. Assim como uma *carta branca* à nossa frente é um mapa cheio de possibilidades e perspectivas.

---

[62] KANDINSKI, 1974, p. 14.

Também o leite, cândida bebida típica do início da vida, é o alimento principal das crianças, mas o símbolo que mais se relaciona com o branco é o ovo, considerado um objeto mandálico, encerrando, de fato, a totalidade de uma nova vida nas formas concêntricas de um núcleo comprimido dentro da massa branca da albumina e contido pelo branco da casca.

Para Marletta,
> [...] a cor branca aparece em geral nos desenhos sobre folha branca como partes não desenhadas. Neste caso, seu significado não é válido como símbolo da cor branca, mas adquire significado em relação à separação que realiza entre as diversas formas das outras cores.
> [...] outro caso interessante é o daqueles desenhos pouco "coloridos", onde domina o branco da folha, no que se evidencia uma dificuldade de comunicação com os outros, em geral, e uma dificuldade de expressão no plano da ação.[63]

Em síntese

Podemos dizer com Marletta que "toda cor pode ser interpretada como uma mensagem que chega da interioridade da criança, e que é portadora de uma necessidade, de uma exigência profunda, de uma dinâmica interior".[64]

A referência tomada em empréstimo à natureza é a do arco-íris, quer em seu significado simbólico de reunião entre céu e terra, quer em sua exata gradação de cores que parece representar simbolicamente o nascimento e o crescimento de determinada dinâmica.

De fato, a primeira dinâmica que se apresenta é a urgência e o desejo de realizar alguma coisa, por meio do violeta, com o *eu quero*, à qual se segue a projeção expressa com o anil (índigo), que é uma mistura de violeta e de azul escuro, do desejo ao projeto. E a qualidade interior para realizar nosso projeto, nós a buscamos com o azul-claro, a sensibilidade que nos permite *ver* além do visível e *ouvir* além do audível, correspondente ao chamado sexto sentido, útil para nos orientar.

---

[63] MARLETTA, 1977, p. 57.
[64] MARLETTA, 1977, p. 14.

Segue-se o verde: o nascimento de nossa atividade, até então sentida, pensada e preparada: é o *eu sou*, o *eu faço*, é a realização, seguida da necessidade de escolher com o faro a luz do amarelo.

A perseverança na escolha nos é dada pelo alaranjado, para atingir com o vermelho a realização de nossa obra.

E temos, ainda, *as cores da noite*, violeta, azul escuro e azul claro, que representam tudo aquilo que está em estado potencial, e as *cores do dia*: amarelo, alaranjado e vermelho, que representam o lado diurno e ativo, isto é, a realização. No meio está o verde: cor do equilíbrio, composta pelo azul-noite e pelo amarelo-dia, a cor que dá início ao processo de crescimento.

Além das cores que exteriorizamos com o desenho, existe a cor que, como vimos até aqui, vamos escolher para as roupas, para as paredes de nossa casa, para o carro, e as cores que procuramos na natureza para nos encher de bem-estar, se contempladas com a escolha consciente de nos alimentar através das qualidades que trazem em si.

A cura é em cores

Para transformar os pesos e buscar a leveza

Creio que este seja o nosso papel como profissionais da saúde: o de dar vida e cor a histórias negras e tristes. Podemos *criar aquele lugar mágico* onde essa atmosfera de contato com as cores da natureza pode ser *recriada*, para transformar em arte a natureza e a cura.

A riqueza dessa atividade e pesquisa provém das preciosas contribuições trazidas pelas crianças, que a cada vez vêm despertar, em todos nós, uma grande sensação de deslumbramento.

É o *deslumbramento* que sempre nos suscita a descoberta, na história de cada jovem, dos problemas e dos dramas que ele mostra, mas também a descoberta das soluções, sempre únicas, sempre novas e sempre imprevisíveis, que ele *sabe* encontrar, bastando que se lhe ofereça um espaço, um tempo e alguma proposta dirigida.

Vamos tecer um diálogo que faz nascer uma história, a *sua* história.

E tão logo acontece o reencontro entre nosso interlocutor e a *sua* história, surge também nele o *espanto* de se *ver* em um papel de protagonista, de narrador, dentro de *seu* livro, que pouco a pouco toma forma e importância.

O desfecho final é a sensação de *encanto* que, em seguida, invade a todos: nosso pequeno interlocutor, o terapeuta, o grupo de trabalho, todos nós que entramos em sua história e, todas as vezes descobrimos que ela é única, é interessante, é apaixonante.

Como a cura é somente *visual*, deve-se conseguir ver o valor expressivo, narrativo e simbólico das imagens para utilizá-las em sua valência transformadora.

A *capacidade de ver* é também apurada com rigor e com método, cultivada com a formação, com o estudo, com a experiência e com o trabalho de grupo. Essa capacidade, pois, deve ser exercitada.

D*esenhar* significa exatamente *ver* e tornar visíveis mundos interiores e relações exteriores: geometrias e símbolos, vizinhanças e distâncias que, antes, eram obscuros. Significa ver os problemas e ver as soluções. E o oferecimento da folha branca como símbolo do próprio espaço psíquico a ser todo ocupado com gestos que narram e com linhas que se movem e cores que preenchem.

Dez folhas – dez etapas e, a cada vez, a proposta de um tema-símbolo dirigido e a resposta de um desenho escolhido, juntos: adulto e criança na busca das necessidades e dos sonhos que tornarão visíveis e narráveis.

Não um desenho para ser interpretado, mas para criar uma relação e comunicar emoções. O desenho como autorrevelação.

O resultado é que, por trás do *monstro,* passamos a reconhecer e dar visibilidade ao *herói*, com uma nova história para contar, que é a *sua história*, desenhada e reencontrada, com a sua casa e os seus afetos. O garoto torna-se artífice da própria cura, parafraseando Bateson. E irá transformar também os papéis de quem existe à sua volta, pais, professores e companheiros, e irá redesenhar novos equilíbrios, pois esse é o poder da criatividade.

Um percurso terapêutico breve, já que imediatamente definido em dez encontros; e alegre, porque oferece à criança um papel ativo e ao adulto, um novo ponto de vista: o da criança.

Por que essa transformação?

Creio que essa viagem imaginativa tenha um potencial transformador tão alto, tanto pela ação dinâmica do símbolo, quanto pela imagem que se cria e que, sendo externa, torna-se um terceiro objeto e estimula, assim, uma prodigiosa aliança-cumplicidade adulto-criança que, juntos, contemplam a imagem suscitando narrativas e ainda outras imagens.

A segunda parte do livro, através das histórias das crianças, seus desenhos e suas palavras, mostra o itinerário imaginativo que tem o objetivo de apresentar os fatores terapêuticos próprios da psicoterapia não verbal, para integrá-los com os fatores terapêuticos das psicoterapias verbais.

A escolha do desenho foi feita para transformar histórias de vida, e a escolha do livro para fazê-las conhecer e suscitar outras curiosidades e outras colaborações.

SEGUNDA PARTE

AS HISTÓRIAS EM BRANCO E PRETO QUE SE COLOREM

Aqui são apresentadas
as histórias clínicas das crianças, recontadas
com seus desenhos e suas palavras.
Cinco histórias completas e cinco
histórias resumidas.
Para todas elas, uma viagem criativa em dez
encontros semanais.
Nosso objetivo, como sugeria Freud,
não é o de mudar os pequenos pacientes,
mas ajudá-los a se sentir livres para mudar.
Nos encontros, são pedidos às crianças
dois desenhos livres para fazerem sair a
imagem de si mesmase oito desenhos dirigidos
para transformar a imagem inicial.
Folhas brancas, cores, perguntas e respostas
para recontar suas histórias de dor,
a buscar juntos as suas histórias de amor.
Um convite a todos os profissionais da saúde
para descobrirem com as crianças
os segredos da cura.

CAPÍTULO 5

A história de Luigi, 8 anos

A história no início

O contexto

A história de Luigi é a história de um menino de 8 anos que frequenta a 3ª série do ensino fundamental e se apresenta com uma grafia e um comportamento indecifráveis, colocando o professor em uma situação difícil que desejaria comunicar-se com ele, e os companheiros que pedem para com ele brincar.

Luigi chega, assim, indicado pela mestra à doutoranda (Universidade dos Estudos de Bolonha, Faculdade de Ciências da Formação - Curso de Doutorado em Ciências da Formação Primária), que pede para desenvolver sua pesquisa de tese naquela classe em que havia realizado o estágio um ano antes.

O objetivo da estudante é o de experimentar uma aplicação prática de tudo que havia aprendido no Laboratório "O desenho como instrumento de comunicação criança-adulto", para avaliar sua eficácia expressiva e comunicativa.

Assim, decide fazer a experiência, na qual Luigi se torna o protagonista desta história em cores, com os companheiros que lhe fazem coro, num percurso de dez desenhos, com temas específicos, com o objetivo de ajudar o menino a encontrar um ritmo cheio/vazio, uma ordem na mente e na página, e ajudar os companheiros a se conhecerem melhor.

A metodologia de trabalho

Em todas as situações os desenhos são escolhidos de maneira dirigida a Luigi, propostos a toda a turma, como eficazes estímulos ao autoconhecimento para toda criança em crescimento. De fato, a proposta é a de poder fazer contato com os temas da natureza e seus ritmos.

O objetivo era o de envolver todos os participantes, oferecendo-lhes um espaço determinado – a folha branca e um tempo determinado de uma hora – para que se expressassem e, em seguida, reconhecer e nomear as próprias emoções, suscitadas por aquelas formas e cores. A experiência teve a duração de dois meses.

O relato da mestra

"Luigi é um aluno que não apresenta nenhuma dificuldade cognitiva. Os obstáculos que nos apresenta são em nível de expressão, com a escrita muito desordenada e caótica, muitas vezes incompreensível, e a leitura lenta e difícil.

Apresenta-se como um menino sempre em movimento, hipercinético, distraído, às vezes fala sem propósito e sem aparente ligação com o assunto proposto.

O caderno de Luigi revela uma escrita sofrida: quando escreve, muitas vezes confunde ou troca uma letra por outra, com frequência não separa as várias palavras entre si, e os vocábulos unidos tornam o texto incompreensível; frequentemente faltam as consoantes geminadas e os acentos. Em sua escrita, não existe nas formas das letras, o sentido da altura nem o de grandeza.

Também na leitura, o menino se expressa com grande dificuldade."

O relatório dos agentes do Serviço Nacional de Neuropsiquiatria Infantil

No exame neuropsicológico, os especialistas do Serviço de Neuropsiquiatria Infantil revelaram que Luigi demonstra uma familiaridade com a disgrafia, ainda que o nível intelectual seja bom. Foi-lhe proposto utilizar máquina de escrever, de maneira a tornar mais ordenada a sua grafia, ilegível.

A história de Luigi

A história de Luigi começa com a denúncia de suas emoções *congeladas* sob a neve, que bloqueiam até mesmo as mãos e as ideias, confundindo letras e pensamentos.

A cura que ele encontrou foi a de congelar as emoções, como para se defender de alguém ou de algo que lhe parecia uma ameaça.

Nós lhe propusemos uma cura

Demos a ele as cores e sugerimos algumas imagens com as quais se identificasse, para despertar suas paixões, talvez um pouco adormecidas.

Ele encontrou suas forças únicas

É como se tivesse encontrado a própria voz, a própria poesia, o próprio canto e o próprio ritmo. Como se houvesse *re-con-jugado* consigo mesmo, com o verdadeiro Eu, com o protagonista que agora pode oferecer um traço de si mesmo bem decifrável.

Ele encontrou no final da história...

A sua primavera! Com suas cores e seu calor e a capacidade de descrevê-la!

É como se, debaixo da neve branca e fria do inverno, tivesse reencontrado os mil matizes das cores de *sua* primavera, e assim tivesse encontrado o *seu* lugar no espaço colorido daquele "campo um pouco moderno" com que se apresentava no começo!

É como se ele tivesse conhecido e mostrado a sua primavera, depois de ter saído de um inverno que o bloqueou durante anos, mãos e pensamentos.

Começa a história

Era uma vez... um menino que se apresentou a nós com dois desenhos livres.

1 – DESENHO LIVRE A LÁPIS nos mostra o *vazio* dentro e o *cheio* em todo o entorno; ele o intitula: **"A neve que apaga a lava do vulcão com uma árvore próxima ao vulcão"**.

E com este título, indica-nos também uma temperatura e uma estação determinadas, um inverno em que tudo para e tudo congela.

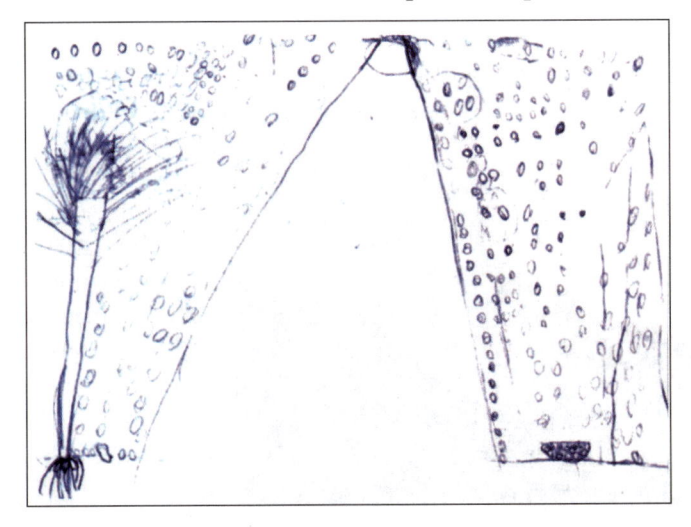

2 – DESENHO LIVRE EM CORES nos mostra o lado de *fora* todo cheio e o lado de *dentro* todo por habitar, e o intitula: "Um campo um pouco moderno".

Mas, como nas melhores histórias, ao inverno segue-se a primavera que vai despertar o campo adormecido e aquecer os corações resfriados. Este desenho é já uma promessa! E agora, nós continuamos a história, seguindo suas indicações sobre a natureza a ser acordada e posta em movimento para tirá-la da pausa invernal. E lhe pedimos, com a proposta seguinte, que nos mostre o seu:

3 – RIO QUE CORRE EM MEIO A UMA CAMPINA, para visitar a dimensão horizontal e a vertical, e Luigi está ali.

A resposta?

Luigi escolhe imediatamente o movimento, surge um gesto orde-

nado, e diz que "É grande como o Pó" [grande rio da Itália]. Diante da pergunta sobre qual emoção havia despertado nele, escreve-nos: "Eu não sinto nada". Agora, queremos conhecer melhor os seus sonhos e suas necessidades e vamos pedir-lhe que desenhe:

4 – O QUE TE DÁ MAIS ALEGRIA

Luigi nos responde com a escolha do peixe no aquário, o movimento incessante do peixe, e seu mutismo que simbolicamente o peixe nos mostra, como a identificar-se com a palavra muda não compreensível de seus cadernos, a palavra escrita que ainda não é palavra legível, mas é um processo que pode crescer, como esses aquários que pos-

suem claramente três tamanhos, três fases do crescimento, e parecem a caminho. A emoção experimentada: "Eu senti felicidade".

E diante da proposta de escolher o desenho que preferisse, entre os desenhos dos companheiros de turma, Luigi escolhe a "baleia chiller" do companheiro, e ainda nos mostra que ama o peixe! Como se confirmasse o quanto é importante para ele abraçar-se a seu movimento hipercinético e seu mutismo-isolamento do mundo à sua volta.

5 - UM DESENHO LIVRE COM O VERMELHO E O AZUL ESCURO

Este pedido nos parece útil para visitar sua capacidade potencial (o azul escuro) e suas capacidades reconhecidas (o vermelho), seu fechamento e sua abertura, o ritmo da noite e o ritmo do dia. E Luigi ainda nos mostra outros peixes, agora finalmente livres no mar.

6 – DESENHA UMA PESSOA QUE GRITA MUITO ALTO PARA SE FAZER OUVIR DO OUTRO LADO DO MUNDO

Com essa proposta, convidamos Luigi a outra história. Agora que ele se identificou e reconheceu o seu mutismo, nós lhe oferecemos a oportunidade de ir além, de fazer a experiência de poder atingir, com sua voz, também os que estão longe, para fazer-se audível e visível.

A resposta? Ele nos dá, e parece divertido! A emoção experimentada ao dese-nhar: "Neste dese-nho eu senti alegria" [A palavra *alegria* ainda está incompleta.] Finalmente, o menino grita como uma criança que nasce! Com a letra "A" nasceu a escrita! E dispara muitos "AA" maiúsculos, colocados dentro do  balão, e se faz ouvir até na China, e se faz ouvir pela chinesinha que lhe diz: "Mas quem é esse louco?"

E a relação parece agora possível! Ele alcança o outro, mesmo distante, mesmo diferente, de uma outra língua, e começa a fazê-lo por meio de letras e balões escritos!

Interessante também a presença, central, em primeiro plano da folha, de uma belíssima árvore, sólida e cheia de frutos, como se tivesse crescido, amadurecido e fortalecido em relação à árvore do primeiro desenho; esta árvore parece atrair para si os dois estrangeiros e os coloca em comunicação. Decidimos, então, propor-lhe temas de ritmo, para reforçar aquele cheio-vazio, isto é, palavras-pausa, que o menino disgráfico demonstra ter perdido.

7 – DESENHA UMA CORRIDA DE CAVALOS COM OBSTÁCULOS

Luigi parece apreciar esta proposta e, incluindo ainda o elemento água!

A emoção experimentada: "Meu desenho me fez sentir felicidade e alegria".

8 – DESENHA UM ARTILHEIRO

Também aqui a resposta é excelente. Luigi mostra uma guerra com perseguidores e vítimas, e letras que parecem disparadas para fora das cores, mas todas as palavras completas, separadas com nexo uma da outra, sem erros: **"AAAAAA" "bam bam" "te matarei" "socorro estou morrendo"** e intitula o desenho:

"OS MORTOS".

A emoção experimentada: **"Senti com este desenho alegria e felicidade"**.

É como se Luigi trouxesse à cena um filme policial, com assassinos, mortos e sobreviventes, utilizando a ação de atirar para expressar sua raiva e liberar-se, como se acertasse contas que estavam em suspenso e fizesse escolhas radicais. Também é intenso o diálogo entre as vítimas e os perseguidores, uma verdadeira batalha. E então, com a próxima proposta, nós o convidamos a pôr para fora todas as raivas, convidamo-lo a explodir:

9 – UM VULCÃO EXTINTO E UM VULCÃO EM ERUPÇÃO

Luigi desenhou "dois vulcões na medida certa": um cheio de lava que escorre para fora e um vulcão vazio, branco, "transparente para se ver que dentro existe lava".

Ao lado esquerdo do vulcão extinto, Luigi pôs "**uma escadinha**", dizendo que aquele era "**um vulcão turístico, visitável**"; e a emoção: "**Eu senti felicidade e alegria**".

Como se agora ele se pusesse como símbolo interessante aos olhos do turista, e disposto a deixar-se ver por *dentro*. E a se mostrar com orgulho.

Abriu-se o primeiro vulcão bloqueado pela neve? Degelou? Parece exatamente com ele! E agora encerramos a história com festa... com a última proposta:

10 – DESENHA O PROTAGONISTA QUE CANTA E UM PÚBLICO QUE O APLAUDE

E mais uma vez Luigi aparece! Sempre usando o balão para a escrita, como nas melhores histórias em quadrinhos; ela agora aparece ordenada, correta, legível e bem ilustrada! (10b)

E aqui é como se o menino celebrasse a saudação, a dor do adeus à estudante, com esta canção criada por ele, escrita em letra de forma, de maneira legível, e cantada – primeiro em solo – para a estudante e,

depois, no meio da sala, diante de seu público completo: os colegas, a professora e a estudante. Como se o desenho não fosse outra coisa, senão o copião de sua representação, porque ele, diretor e ator, pode agora escrever e cantar os próprios pensamentos e sentimentos!

E aqui se completa o percurso,

De modo glorioso, após dois meses de trabalho, com uma escrita que, de indecifrável, torna-se legível, torna-se um cântico, depois de ter se tornado gesto, cor, movimento, ritmo, emoção, balão humorístico e muito mais. E se tornará um conto poético e narrativa divertida, com o prazer de traduzir doravante em palavras, com o gesto, aquilo que seus olhos veem, realidade e fantasia, e a capacidade de fixá-los, agora, sobre uma folha, deixando traços de si mesmo, para sempre.

Não mais mudo como um peixe a calar o indizível!

Agora ele está de frente para o mundo, com a porta aberta, a fim de que o *dentro* e o *fora* possam comunicar-se pela palavra escrita, sobre a folha branca, legível, reconhecível, como a assinalar uma conquista que também a humanidade celebrou com a escrita, marcando uma passagem da pré-história à história.

Uma história individual dentro de uma história mais ampla, habitada pelos companheiros de classe de Luigi, que fizeram coro e amplificaram esse percurso, mostrando os próprios desenhos, escrevendo as próprias emoções, lendo os desenhos dos companheiros.

O final da história, apresentado pelo garoto

Eis a apresentação que Luigi faz de si mesmo, depois de dois meses, com o final do processo, um tema sobre a Primavera, que vale a pena ler!

11 - LUIGI ESCREVE:

"A primavera começou há 10 dias e há uma enorme explosão de cores, amarelo, rosa, branco, rosa claro, vermelho intenso, verde claro e verde escuro... O amarelo pertence ao amarelo-ouro em suas nuances, o rosa ao vermelho arroxeado não silvestre e o damasqueiro está apenas rosado, enquanto a flor de pêssego é um vermelho intenso e o verde escuro dos pinheiros e o verde claro...

Por terra, estavam os ramos de plátano, aqueles plátanos pareciam que tinham ido ao cabeleireiro para cortar os cabelos, mas ao lado dos ramos cortados havia margaridas rosa claro e o branco de outras flores...

Por isso eu lhes digo isto: a primavera é bela e muito querida por mim, e por algumas pessoas."

A diferença aparece na grafia, antes e depois do percurso.

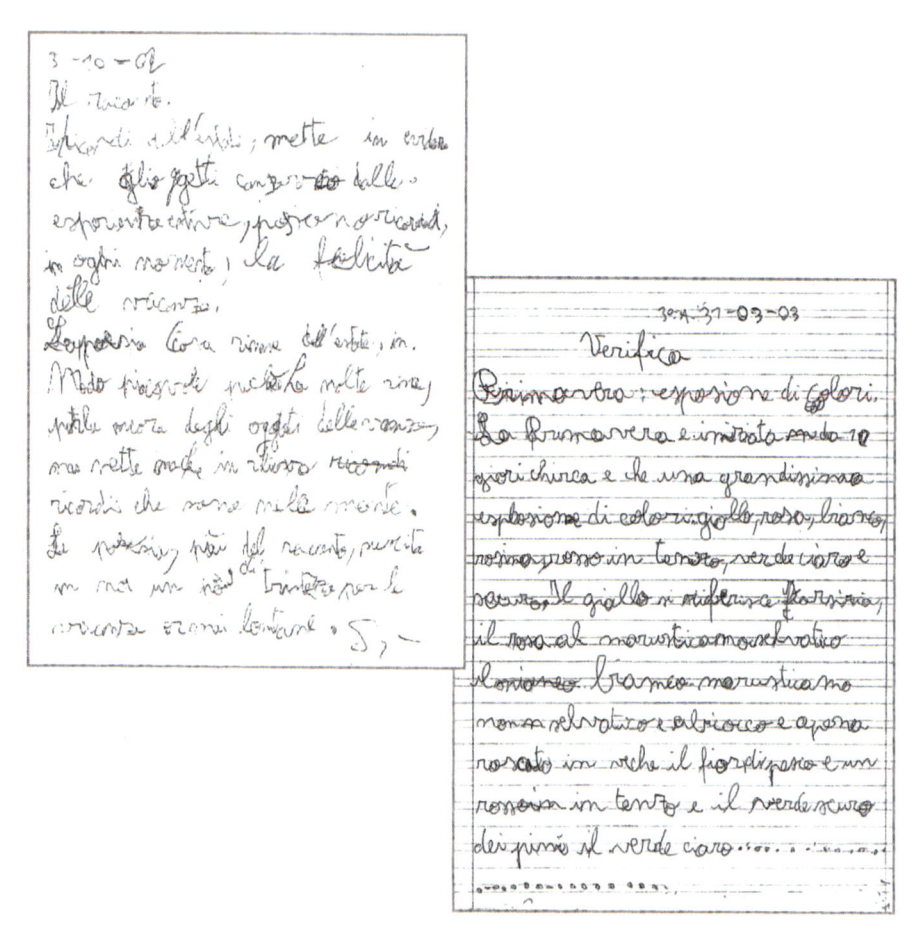

É como se, sob a neve branca e fria do inverno, Luigi tivesse reencontrado os mil matizes das cores de sua primavera, e assim houvesse encontrado o seu lugar no espaço colorido daquele "campo um pouco moderno" que nos apresentara no início da história.

É como se, em dez dias, tivesse descoberto sua primavera!

E a tivesse visto com os olhos de quem sabe, em seguida, tra-duzi-la em palavras para presenteá-la a nós!

O final da história, apresentado pelos adultos

A apresentação que faz a professora:

"Há algum tempo, parece-me que Luigi melhorou muito na escrita." Agora, é legível.

A apresentação que faz a estudante:

"É como se eu, em companhia de minhas colaboradoras – a professora em seu papel de 'assistente' e a psicóloga em seu papel de 'maestrina', juntas, todas nós, tivéssemos feito esta viagem dentro do drama da incompreensão de Luigi e, no fim da viagem, como sempre acontece... nada é como antes.

E os dez obstáculos que se interpunham entre o protagonista e a meta foram substituídos por dez etapas, isto é, por dez desenhos que tiveram a função de catalizadores e, depois, de transformadores desta história. Essa foi a minha experiência, que tenho o prazer de partilhar com todos, com todos aqueles que se apaixonaram com a descoberta e a exploração do 'novo', que seguramente existe em cada pessoa em particular, em cada criança."

Atualização da professora um ano após o final do percurso

"O menino aumentou pouco a pouco o seu entusiasmo pela escrita e a familiaridade com as letras e as palavras. Permanecem erros, mas sua grafia é compreensível. Melhorou a relação em geral nas situações de aprendizagem e da vida escolar. Parece mais sere-no, mais próximo aos companheiros, mais senhor de si mesmo."

O que aconteceu?

Aconteceu que nós, eu e a estudante, usamos símbolos ade-quados para conhecer a história de Luigi, e para favorecer o contato do menino com os *seus* símbolos e com os símbolos de seus compa-nheiros.

No início, ele nos mostra suas emoções congeladas sob a neve, o que bloqueia até a mão e as ideias, e confundem letras e pensamen-tos, e nos mostram seu mutismo, usando peixes de toda espécie, e o seu movimento frenético, típico de quem não consegue exteriorizar, em um projeto, as mil potencialidades que tem dentro de si.

E nos mostra, no final, o reencontro de sua primavera, com suas cores e seu calor. E também o reencontro das palavras certas, com as pausas, as respirações e um ritmo.

O que vimos?

Nós lhe demos as cores e lhe propusemos algumas imagens, em um contexto brincalhão, em harmonia com seus companheiros: ele encontrou sua própria voz, a própria poesia, o próprio canto e muito humorismo.

E encontrou uma turma e uma professora a quem, finalmente, permitiu conhecer suas emoções e suas ideias, escritas e cantadas, e um modo de poder fazer-se ver com um recurso a mais e uma dificuldade a menos.

Como se tivesse se reencontrado consigo mesmo, com o verdadeiro eu, em unidade com a natureza daquele "**campo um pouco moderno**" que ele apresentava no início, ali onde chegou "**a primavera**", com toda a variedade de cores e os matizes que ele vai colher, como se fosse um pintor. Dois meses após o final do trabalho, ele escreve de maneira legível.

É como se as suas emoções, antes congeladas *fora de casa*, agora tivessem encontrado um refúgio *dentro de casa*, um lugar cheio de calor, depois de ter pegado as cores no mundo dos sonhos, no imenso mundo da natureza.

E aqui o *dentro de casa* é como se fosse representado por *sua* folha, por *sua* sala de aula, por *seus* companheiros, *sua* professora: todos os lugares da emotividade agora reencontrados!

Luigi fez a experiência de traduzir, em imagens, as palavras indecifráveis, e agora pode também retraduzir em palavras as suas imagens coloridas!

CAPÍTULO 6

A história de Crema, 11 anos

**Quando existe a presença invasiva / patológica de um dos pais...,
desde o papel de invisível como defesa...
...até o papel de visível por escolha...**

O início da história

A história de Crema recontada pelos adultos

A psicoterapeuta, que está encarregada do caso no Serviço há vários anos, propôs iniciar este novo percurso com o garoto, e escolheu perguntar-lhe que nome gostaria de dar a si mesmo, para enfatizar a diferença de contexto e, assim, diferençar a nova experiência que então estavam para começar, juntos, do trabalho desenvolvido no passado. Ele escolheu ser chamado de *Crema*.

Um pouco de história

"Crema tem 11 anos e frequenta a quinta série do ensino fundamental. Quando tinha 8 anos, fora afastado de casa e, por determinação do Juizado de Menores, colocado em uma comunidade educativa. Sua mãe estava muito mal, delirava e havia também incluído o filho em seu delírio. Crema começava a ter dificuldade em distinguir fantasia e realidade, mostrando grande sofrimento.

O pai, separado da mulher, não tinha mais contato com o filho há vários meses. Crema passou dois anos na comunidade e, em 2003, foi viver com o pai."

Os sintomas que apresenta, descritos por sua terapeuta

"Vejo neste garoto o sofrimento emocional que muitas vezes assume a via do corpo para se manifestar, em grosserias, dificuldade na coordenação dos movimentos, desordens, estereotipias, dificuldade em modular os comportamentos, as distâncias e a voz segundo os diferentes contextos.

Vejo as várias tentativas do garoto de aderir formalmente e de estar sempre à altura das solicitações e expectativas dos outros; não se sabe o que Crema pensa e experimenta; não consigo vê-lo. Vejo grande insegurança e reduzida confiança nas próprias possibilidades.

Vejo aparente facilidade de relação, mas um medo muito grande de ter contato; muitas vezes, tem-se a impressão de que Crema está em outro lugar.

Vejo que, nos momentos mais difíceis para Crema, ele aparenta desligar a tomada e se refugiar em seu mundo privado.

Vejo os seus olhos que olham para dentro. Vejo raiva, tristeza e fechamento, se procuramos falar com ele sobre sua história. Vejo que ele recusa o desenho."

A história de Crema se apresenta

Esta é a história de um garoto, assim como foi por nós acolhida, construída e... transformada.

É uma história que começou quase do nada, no mundo *invisível* em que o garoto se refugiara para se defender e para defender a própria identidade de uma mãe que era muito sofredora, e no delírio havia envolvido também a ele.

"Bastava *olhá-lo* nos olhos para ler seus pensamentos."

Ele encontrou sua cura brincando de parecer *invisível*, e mostrando-se refugiado em um mundo passado, ausente de seu corpo, de suas emoções e das relações com os companheiros, das tarefas escolares e das exigências externas.

Nós lhe propusemos uma cura: pôr-se em contato com sua identidade, para reencontrá-la, e pôr-se em contato com suas pessoas queridas, para sentir-se amado e reconhecido como *visível*.

Ele encontrou suas forças únicas e logo encontrou a *coragem*, como força útil para a solução dos problemas. Como se a coragem de ficar visível pudesse vencer o medo que o faz invisível, preenchendo a folha e as relações.

Crema fez uma bela viagem, e nós o acompanhamos...

A história de Crema vista pelo garoto

A psicoterapeuta vai pedir ao garoto que descreva os problemas que o fazem ficar insuportável e as soluções que ele considera desejáveis.

Todos nós, muitas vezes, no papel de especialistas, falamos *sobre* o garoto, e *sobre* seus problemas... Agora, neste contexto, queremos também falar *ao* garoto, para construir *com* ele um diálogo e um percurso eficaz, isto é, criado *por nós junto com ele*, desde o início.

Assim, é útil conhecer seus pontos de vista acerca dos problemas que ele *vê* e das soluções que ele *entrevê*: são os temas mais importantes que devem ser conhecidos para podermos definir os objetivos e as formas de nosso projeto.

E Crema vai definir *o problema*: "Que devo acordar às 6h30min. Veio-me à mente apenas isto, porque depois, durante as aulas, fico com sono". E sobre *as soluções* desejáveis, escreve: "Não me vêm à mente".

Somente durante o terceiro contato, depois de ter desenhado o tema que lhe fora proposto, com o título *"uma cachoeira"*, é como se recordasse a solução que ficara incompleta, e irá defini-la, mostrando-a à terapeuta com grande orgulho: "A solução é que é preciso coragem!"

É como se nosso interlocutor já tivesse individuado, na terceira etapa do percurso, a *sua solução*, indo despertar a *coragem* que estava adormecida dentro de si, pela força tomada de empréstimo à natureza da água que saltava de uma cachoeira.

E é água que ele pode fazer correr sobre uma folha, ou que pode fechar quando quer, em um jogo que agora pode compartilhar com uma interlocutora atenta e curiosa, que sabe oferecer-lhe um tempo personalizado, que é o *seu* tempo, e um espaço vazio, para ele preencher a seu *próprio* gosto, e depois pronto para ver, para guardar consigo, para comentar, e em seguida para ler, transformando-o em emoção reconhecível, pois está em cores!

Uma emoção que se pode exprimir: "Este desenho me deu coragem!" E que, depois, poderá lembrar-lhe muitas outras!

Como se o canal emotivo tivesse aberto com aquela "cachoeira", e toda transformação, dali em diante, se fizesse possível. Fizemos uma pergunta ao garoto, um ponto de interrogação, e ele nos deu muitas respostas!

A história se colore

Era uma vez um menino...

Que se apresentará a nós com dois desenhos livres, e duas árvores quase invisíveis.

1 – O DESENHO LIVRE EM BRANCO E PRETO. Que árvore é? Queremos perguntar-lhe para podermos conhecê-lo.

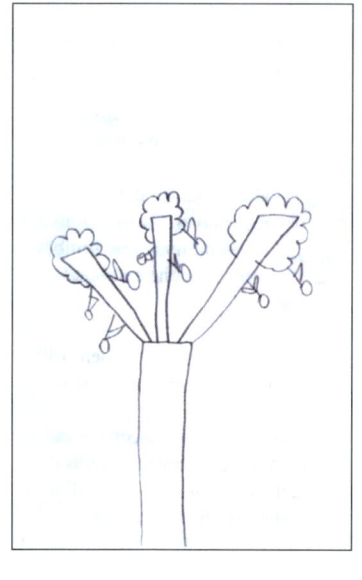

2 – DESENHO LIVRE EM CORES. "Dá para ver? Esta é uma árvore branca que quase não se vê."

E depois encontra uma terapeuta que lhe propõe começar uma história inteiramente nova a ser conhecida, colorida e, depois, habitada; e o menino comparece,

entra nela e nos faz entrar, e *juntos* iremos *procurá-la* para lhe dar forma e vida.

Partimos com a procura de suas origens e de suas pegadas, utilizando a sua terra-mar, e lhe pedimos com a terceira proposta que visite o seu:

3 – RIO QUE NASCE – CORRE – DESÁGUA

Como nos responde Crema? Responde-nos com um fio de água, que serve de berço ao seu nome, o rio Reno, e que com muitos percursos deságua em um mar que parece subir, mas que é abundante.

E prosseguimos com a quarta proposta, onde procuramos levá-lo para fora do vazio e do controle para encher a folha-mente de cores e de gestos livres, assim como a natureza nos ensina. Pedimos-lhe que faça:

4 – UMA BELA CACHOEIRA

E a sua resposta? Parece muito prazerosa! E transforma o fio de água de seu rio na plenitude de água da cachoeira que, em queda livre, preenche toda a folha e os olhos e o tempo. Essa cachoeira parece corajosa e dá *coragem* a nosso menino, com a bela cerca que a contém. E esta água, como linfa vital, começou a encher os vazios, tanto com as cores como com as palavras, e fará nascer um diálogo garoto-folha e garoto-terapeuta que se tornará cada vez mais único e mais profundo.

"Aqui falta o capim, agora o faço, aqui faço as porteiras. Agora, sim, está pronto. As cercas servem para impedir que as pessoas vão mais adiante. Esta cachoeira representa a cachoeira mais extensa do mundo, que se chama Niágara." Eu experimentei estes sentimentos: a coragem!"

E a história prossegue com estas forças presentes. Nós decidimos ir visitar o *dentro* e o *fora* de seu corpo e tomamos em empréstimo, com a quinta proposta, um tema duplo de prisão e de liberdade.

5 – OS ANIMAIS DENTRO DA TOCA E OS ANIMAIS LIVRES

Qual é a resposta de Crema? Ele se narra, por meio do desenho, do conto e da escrita, começando a dar forma a uma história cada vez mais interessante.

"Eu entendo a toca um pouco como casa e refúgio, e um pouco como esconderijo. O gato é uma gata mãe. Eu apaguei o olho verde e amarelo, passando o preto por cima. Junto com o gato, eu ponho o seu pior inimigo, o cão. Este cão é um pastor belga, como a minha Ketti.

O animal livre: a raposa é o animal mais esperto do bosque, e em inglês se diz "fox", e desta vez, preste atenção e verá que se enxerga o olho.

E esta é a serpente mais comprida que existe na natureza: a anaconda, e faz SSSS. O cão e o gato são animais com um dono

que quer bem a eles. O gato, mesmo sendo doméstico, tem uma alma de caçador, porque é parente dos tigres, leões, panteras negras, e a raposa é esperta, mas em comparação com o gato, é pouco esportiva... Ao contrário, o cão é o pior inimigo do gato, mas o gato tem uma arma a mais: os famosos "artelhos", com os quais pode arranhar, trepar sobre a árvore; se o gato o arranha, é porque você o aborreceu e ele quer se defender. O cão, ao contrário, só faz latir, rosnar, ganir, e só espanta o gato...

As emoções que experimentei com o desenho são: um pouco de medo, um pouco de esperteza, de coragem e de tristeza, já que todos acreditam que os gatos pretos trazem azar."

E a história continua com nossa procura de alimento e de escuta.

E agora prosseguimos a busca pela história afetiva de Crema com a sexta proposta:

6 – O FILHOTE QUE, NO NINHO, ESPERA A MAMÃE QUE TRAZ O ALIMENTO

E a resposta chega de imediato, e ele se narra:

"Em que sentido? No sentido de que gritam para se fazerem ouvir? Aqui está um passarinho que grita para se fazer ouvir. Faço só um. Não gosto do modo como fiz o passarinho. Jogue-o fora depressa."

E agora nós adotamos a sua solução – sua proposta do "grito para se fazer ouvir" – para amplificá-la:

7 – O PASSARINHO DÁ UM GRITO FORTE PARA FAZER-SE OUVIR AO LONGE

A sua resposta nos parece excelente. O grito dá vida a um corpo que aparece pela primeira vez, faz nascer uma subjetividade: "eu", e chama à vida o avô! Uma pessoa próxima dele que também a terapeuta descobre pela primeira vez com grande espanto.

"Sou eu que grito para me fazer ouvir por meu avô, que é um pouco surdo. O vovô é ainda um grande comilão e sempre comia o creme de avelã com chocolate que a vovó comprava para mim. Agora, a vovó escondeu o creme e o fez parar com isso. A vovó tem uma galinha que é muito ciumenta de seus pintinhos e não deixa ninguém chegar perto. Quando os pintinhos são pequenos, a vovó os conserva em casa para deixar que eu os veja; depois, quando estão maiores, ela os põe para fora."

Prosseguimos nossa busca com o tema da voz, pois vimos que despertou importantes afetos, e a voz é também o símbolo, por excelência, de nossa identidade e unicidade.

8 – AGORA O PASSARINHO FAZ UM CANTO QUE ENCANTA

A sua resposta é simplesmente grandiosa!

"Eu experimentei um pouco de aventura. Coragem, embriaguez do voo. Desenho um merlim porque ele também canta. Eu, mais que cantar, assovio. "In the shadows" é absolutamente a canção dos Rasmus que mais me agrada. Ouvi a educadora que dizia que não há dinheiro suficiente para o próximo ano, e que se deve procurar uma nova família para mim. D. disse que sua mãe não pode

manter-me em casa, mas pode me ajudar com as tarefas no próximo ano, porque é professora. E também a mãe de O. não pode manter-me em sua casa porque tem três filhos, mas também ela pode ajudar papai!!!"

E diz: "Ainda não disse nada a papai, que me viu chorar no carro porque eu queria primeiro encontrar uma solução e tinha um medo que assustava até ele!"

E ainda: "Guardei tudo dentro de mim e estava mal, e esperei para entender qual era o momento certo para poder falar com você sobre isso, assim talvez pudéssemos entrar em acordo e encontrar uma solução juntos!!!

E com o canto, Crema faz sair seu assovio e sua canção, mas também as preocupações, o medo e a raiva, e o pensamento de que o futuro seria igual ao passado, com os mesmos sofrimentos, e *sem que nada pudesse fazer para impedi-lo!*

A terapeuta propôs a Crema que falassem junto com o pai, e o garoto falou tanto com ele, que papai o percebeu e ficou maravilhado com a capacidade de seu filho encontrar a *coragem de lhe falar*, e de quanto fez para *buscar uma solução*, com os companheiros de escola, seus pais e a professora.

Terapeuta e papai tranquilizam Crema a respeito de seu novo ninho e quanto à possibilidade de encontrarem juntos uma *boa* solução para morar.

Nesse ponto da história... consideradas as conquistas de nosso guerreiro e os recursos despertados dentro de si, isto é, a coragem, e em volta de si, ou seja, as pessoas queridas, nós lhe propomos que se ponha na direção de seu novo reino, pedimos que ele seja o condutor, o cabeça de sua história:

9 – UMA CORRIDA DE CAVALOS COM SEUS CAVALEIROS

E com esse pedido, talvez ainda prematuro, ele retoma o tema da invisibilidade. Eis sua resposta:

"É difícil demais! Não sou capaz de fazer os cavalos. Faço um cavalo branco e, se me arrisco, é porque fui muito animado a fazê-lo. Faço o olho vermelho, a crina, uma cauda longuíssima e os cascos marrons, obviamente! Dá para ver? Reforço muito as patas do cavalo porque assim elas podem ser vistas. Aqui faço o capim, e ali onde a pata é mais curta, está se movendo. Faço também um chifre o maior possível e o transformo em um unicórnio."

Com este desenho sai o pedaço da história que ainda nos faltava, que é o da *relação com a mãe*.

E Crema recorda os encontros com a mãe junto à educadora, depois que ela esteve desaparecida por um ano inteiro. E enquanto a terapeuta vai contar de novo a confusão em que a mãe se encontrava, e como era difícil para ela, às vezes, distinguir o que acontecia de fato daquilo que era fantasia. Crema diz: **"É como se ela fosse cega. Como se eu estivesse ali e a mamãe não conseguisse me ver!"**

Quando estava em crise e perdida em seus delírios, a mãe dizia que sempre sabia o que seu filho pensava, que eles pensavam e experimentavam sempre os mesmos sentimentos, e que bastava olhar em seus olhos para entender exatamente o que seu filho pensava. E o jogo da *invisibilidade* se desvela, se revela, torna-se *visível*!

Já não era tão importante a nossa hipótese inicial a respeito da invisibilidade do garoto; é muito mais importante a descrição que, agora, Crema pode permitir-se fazer sobre si mesmo e sua situação relacional, como se não fosse mais tão ameaçadora e tão temível.

Como se o problema de não se mostrar já não estivesse mais *dentro* dele, mas agora estivesse *fora* dele, diante dele, e com o qual fosse possível dialogar, do qual fosse possível falar. Tornou-se objeto de discussão, não é mais assunto que rouba e confunde a sua própria identidade.

Decidimos ir além com a nova proposta, e convidá-lo a pôr-se em contato com as suas origens, tomando em empréstimo uma colocação temporal primitiva e o movimento, em passo de dança, e lhe pedimos que nos mostrasse:

10 – UMA TRIBO QUE DANÇA

"Eh, pode ser! Por que não faz também que comam um touro enquanto dançam? É difícil demais! Não sei fazer e me dá um nojo. Faço o fogo porque as tribos de índios da América faziam assim. Este desenho dá enjoo, e depois o chefe índio não devia estar naquela posição, porque corre o risco de que o fogo venha para cima dele. Faço só o chefe índio que diz: AUGH GRANDE ESPÍRITO. Porque os companheiros ficaram na sombra e fazem

AUUUUUUUH! Sei uivar como um lobo", diz, e uiva. **"Depois sei fazer também o cão."** E com a língua para fora, imita um cão que tem fome. E ainda, **"sei fazer também o gato quando quer carinho"**: põe-se em quatro patas e começa a esfregar-se contra as pernas da terapeuta.

É como se tivesse encontrado as suas origens, que são encontradas apenas movendo-se em quatro patas! E depois faz um

11 – DESENHO LIVRE

No qual convida também para sua festa os trovões e os relâmpagos, que representam o máximo da explosão e da força, e da mudança repentina, e fazendo este *desenho livre*, começa a fazer o sol e diz:

"O sol me está ficando bonito".

E no final da história, com a última proposta, oferecemos a ele um tema de confiança e de abertura para o futuro, a fim de que ele possa pensar esta viagem como não terminada, mas transformada, e tomamos o caminho do mar, isto é, da imensidão.

12 – UM BARCO QUE PARTE

A sua resposta?

Crema parece iluminar-se diante desta proposta, como se não esperasse por outra coisa, e pede três folhas para que coubesse tudo, um espaço mais amplo, agora todo para colorir e preencher. E vai para *dentro* desse galeão, decorando-o bem, com tudo o que serve para torná-lo confortável; ali está, talvez, uma rede de dormir para colocar uma pessoa (a mamãe?) que ele fez "de todas as cores" para curá-la (!). E depois dispõe o papai como seu ajudante. E o galeão é de um material indestrutível, como o diamante, cujo segredo só ele conhece. E o lado de *fora* ainda é ameaçador, o mar é tempestuoso, com uma onda bem incomum, mas ele pensou em tudo, e nosso *Cristóvão Colombo* parte para a descoberta de sua América, de seus novos territórios!

"Posso fazer um galeão?

O GALEÃO DE DIAMANTE

Faço um galeão que parte do porto de São Paulo como Cristóvão Colombo para a descoberta da América no Oceano Pacífico. Preciso de três folhas porque devo fazer três galeões. Mudei de ideia: façamos de conta que era um único galeão gigantesco e que ali o mar estava encrespado.

Faço a vela mestra e aqui ponho a torre de vigia e o timão. Acrescento também o mapa-múndi. Posso fazer de conta que o galeão era de um material inventado? Este galeão é de diamante, um material indestrutível que, mesmo que consigam quebrá-lo, se junta de novo.

Os inimigos pensam que é feito de madeira e não sabem que é de diamante, senão eles também vão querer construí-lo de diamante. Existia só este pedaço de diamante no mundo, e não restou mais nenhum. O vigia avistou um pequeno navio pirata e grita: "navio pirata ao sul!"

Façamos de conta também que chegava uma onda gigante e o vigia grita: "onda gigante ao sul!"

Há um pirata na água e os outros estão mortos, porque acabaram debaixo d'água e não conseguiam mais respirar. O timoneiro do galeão tem uma dupla função, porque ora é capitão, ora é timoneiro.

Aqui faço também muitos canhões que disparam a laser. Depois chega também um tornado que afunda a nave pirata.

O timoneiro e o vigia decidem recolher a bordo a pessoa que está na água, pintada de todas as cores, e a colocam sobre uma cômoda rede na prisão do galeão. Assim, depois, receberão a recompensa.

O timoneiro se chama D'Artagnan, mas é apenas um apelido, e o vigia se chama Robin Hood, mas também este é só um apelido.

O galeão se chama Frodo Baggins, ou também I., como meu pai, e assim o faço feliz. O galeão se encontra em pleno Oceano Pacífico e está à procura de um tesouro, de modo que o timoneiro e o vigia possam tornar sua nave cada vez mais confortável."

E no final, nós pedimos a Crema que faça um presente ao grupo de trabalho que nestes encontros, junto à sua terapeuta, participou e se emocionou dentro de sua história; e lhe pedimos um:

13 – DESENHO LIVRE

E ele nos presenteia esta gata! Com três pupilas, com uma boca falante, com orelhas bem abertas, e cheia de simpatia! E, enquanto pensa o que fazer, toma seu livro de desenhos e começa a folheá-lo e, como se nesse meio tempo tivesse encontrado um tema adequado e um novo papel, para o *gran finale*, ordena à terapeuta que faça um desenho:

Faz o teu gato, mas sem usar o lápis, só as cores! Se não tens um gato, faz um gato do teu passado." (!)

E a terapeuta começa a desenhar um gatão amarelo...

"Que nojo! É de raça persa, os gatos de raça persa são bonitos e raros."

E troca o comentário "que nojo" ao dizer que é bonito. E começa um jogo do gato e do rato que correm, e que prossegue até que ele encontre o *seu* gato.

"O meu gato será muito mais bonito, mas o meu gato e o teu não poderão se casar, porque o teu é muito mais velho, é de outra geração." (!)

Começa a fazer o seu e diz à terapeuta que é proibido copiar!

"Verá uma obra-prima de arte", diz ele.

"A gata preta, a gata mãe, é uma gata que teve filhotes. E um dos dois filhotes, além de roubar as coxinhas de galinha dos pratos, quer também comer o creme de avelã. Minha gata é toda preta e tem os olhos amarelos com matizes de verde."

Depois de ter desenhado sua gata, Crema pega a folha com o gato da terapeuta, diz que é feio e decide rasgá-lo; e depois de lhe ter pedido permissão, faz isso com grande satisfação. Rasga-o em pedacinhos, faz deles uma bola e em seguida vai à janela pronto a lançá-la fora. Para e diz:

"Parece-me que há desgosto em teus olhos, percebo como uma lágrima."

"Vamos dar-lhe um nome, chamando-o Perdedor! Adeus, Perdedor!" – diz – e lança a bola-gato-terapeuta pela janela! "É a vida!", diz ele.

Depois, recomeça com a terapeuta o jogo em que diz que "de gato se transforma em tigre".

E relutante, expressa o desprazer pelo fim do percurso; agora pode manifestar a dor dessa separação com as palavras, além do jogo e do desenho.

Colore com muita pressa a sua gata e, com cuidado, faz as sombras dos olhos e em seguida as orelhas compridas e a boca rosada.

Vai à janela e expõe a gata, como para mostrá-la a todos, e depois a leva embora consigo.

E aqui acaba a história em cores de Crema, a primeira etapa da viagem, após três meses de trabalho cheio de acontecimentos e de emoções.

E os novos encontros que foram programados serviram apenas para as atualizações sobre a viagem do grande galeão, para saber que ilhas havia visitado, quem havia encontrado e como estava.

E pouco depois inicia a atualização:

"O galeão já visitou as ilhas Pampas e outras ilhas tropicais. Agora tem pressa, porque deve ir ao Brasil, a São Paulo, para encontrar o tio."

E conta que o Tio L., irmão da mãe, está em viagem de trabalho no Brasil.

"E depois devemos chegar à Antártica para descobrir se existe, ou não, Papai Noel."

A história contada com imagens e palavras do adulto

Uma reedição da história de Crema foi feita por uma psicóloga pintora do grupo de formação (Anna Chiara Montanari), que vai ilustrar algumas cenas mostradas pelo garoto.

O efeito que suscita é de grande entusiasmo, seja pelo sentido estético que ali se encontra e que vai saciar nossa sede existencial do *belo*, seja pelo sentido de respeito que ali transparece, alimentando a nossa sede existencial de *liberdade.*

Como se a psicóloga partisse da história que Crema mostra com seus desenhos, para depois ir além, em uma relação de grande *cumplicidade.*

Como se tivesse ido habitar as suas folhas, seus desenhos, na ponta dos dedos, para mostrar-lhe *ainda* outras possibilidades, em cores. É como um "vem *também* comigo?", agora que ele já respondeu com confiança ao "vem comigo?" de sua psicóloga.

E assim Crema poderá recompor-se com a própria história que, desenhada e descrita por ele, escutada por sua psicóloga, acolhida por nós, o grupo, repintada pela psicóloga pintora e, reescrita por outros observadores, poderá ser recomposta com uma história transformada, ainda mais colorida e mais espaçosa!

Uma nova maneira de ver o garoto

A terapeuta de Crema preparou o livro para ele.

Contém todos os seus desenhos em série, postos ao lado das fotocópias dos quadros da pintora psicóloga. Cada desenho é antecipado pelo título do tema que o gerou.

No final do livro, ela inseriu páginas brancas onde ele pode continuar, se quiser, a representar ou narrar a viagem de seu galeão. Crema começa a lê-lo em voz alta, rindo e olhando para a terapeuta, cada vez que reencontra as suas palavras transcritas.

Ele o relê com a mesma ênfase que lhe tinha dado quando o dissera nos encontros. Nos pontos em que percebe evidente a referência a si mesmo, levanta o olhar, como a dizer: **"Entendi que estão falando de mim."** Ri e está muito emocionado. Em certo ponto da história, pede à terapeuta que seja ela a continuar a leitura. E criam-se olhares de grande cumplicidade.

Depois de tê-lo lido e folheado, toma o seu livro e corre ao papai para mostrá-lo. Crema está satisfeito. Mostra ao pai o livro e os quadros da pintora psicóloga. O pai olha atentamente e depois diz a Crema:

"Esta noite, como você deve fazer exercícios de leitura em voz alta, leia também para mim".

O final da história

A psicoterapeuta que acompanha o garoto e que então dialogou com ele pelos desenhos, com os temas escolhidos a cada vez no grupo de estudo (todo o trabalho se desenvolveu durante o curso "O que eu vejo em um [de]senho?[65*] 1º nível), relata ao grupo as seguintes observações:

"Crema me parece agora mais tridimensional e com um espaço próprio de existência.

Vi a possibilidade para Crema de começar a expressar, dentro de uma relação com o outro, os sentimentos negativos: raiva, medo, tristeza.

Vi a sua tomada de contato com aquilo que não lhe agrada em si mesmo, e notei seu esforço e sua coragem em procurar novas soluções.

Vi seus olhos a olhar-me e a olhar para si mesmo: ora tristes, ora flamejantes, ora alegres, ora melancólicos, ora emocionados. Vivos.

Vi os seus afetos: o papai, o vovô, a vovó, os amigos e uma dolorosa relação com a mamãe que poderá encontrar, pouco a pouco, o seu lugar.

Vi o seu corpo cheios de conflitos e sofrimentos e desordens: uma outra estrada a percorrer com ele.

Vi Crema mais ativo em definir a relação e menos refém de sua dolorosa história. Ainda esperançoso em relação a possibilidade de ser. Tenho mais claro um futuro projeto, porque consigo, agora, ver melhor o presente.

E, sobretudo, com a confiança que o garoto demonstrou em mim, ele me ofereceu a maneira de conhecê-lo melhor. Agora, pode-se levar adiante o projeto de fazê-lo encontrar-se com a mãe de modo menos protegido e mediado por serviços. Mãe e filho recomeçaram a se olhar e reconhecer.

O que aconteceu com Crema e sua história?

Esta é uma história que começou... com um **"dá para ver?" "Tu consegues me ver?"**

E *continuou*... com a busca de *seu* lugar, *dentro* de uma gaiola e *fora* da gaiola... *dentro* de um ninho e *fora* do ninho... com a busca da sua

---

[65] No original, [*di*]*segno*, jogando com o duplo sentido de "*segno*", "sinal". (N.T.)

voz e do grito capaz de despertar o avô surdo e a avó atarefada, e do canto adequado para chamar os amigos e o professor, e do movimento capaz de despertar suas origens, para iniciar e ter a coragem de *ver e fazer-se ver* por sua mãe, e começa a *buscar* a *própria* casa, o próprio pai, o próprio futuro.

E *acaba* a sua história em companhia de uma tribo que dança, com a celebração, em torno de uma fogueira, do nascimento de um corpo primitivo, mas pleno, agora *visível*, cheio de conflitos e de emoções e... de coragem! Como se agora pudesse ter um lugar *seu*, pudesse *ver e ser visto*, e assim pudesse completar a sua história, agora que a tinha encontrado.

Nós lhe propusemos "um barco no meio do mar", como uma passagem, um voto de confiança nele, como metáfora da viagem que agora, sozinho, em companhia de quem desejar, pode empreender no mar da vida, para alcançar ainda outra meta.

Foi Crema que, no final da história, viu e sentiu a força e a capacidade de construir um galeão de um material único, que não existe em parte alguma do mundo, para ir com ele além das fronteiras domésticas, que parecem agora reencontradas, e para visitar, em companhia de seu papai, que ele escolhe como protagonista de sua história, um espaço vital grande como o mundo.

Juntos, eles dois superam todos os problemas do mar: **as ondas gigantes, os piratas...**, em uma viagem que se prenuncia sem fim. E sobre o seu galeão, ele coloca até as pessoas em dificuldade (a mamãe?), sobre uma rede-que-cura, que ele preparou e arrumou muito bem!

Como se tivesse mesmo pensado em tudo! Aí está tanto a força da aventura quanto a delicadeza da cura! E o desejo de prosseguir por essa estrada do mar, agora reencontrada! Depois que se permitiu lançar pela janela do consultório a sua antiga parte "perdedora"!

E no final da viagem, encontrando a si mesmo como filho, pode *também* reencontrar e abraçar a *sua mamãe* que estava perdida e que ele havia perdido.

E pode consolidar uma cumplicidade inteiramente nova com seu papai, e assim fazê-lo sentir-se mais competente e mais importante.

Esta é uma história que ensinou a todos nós que *os problemas* podem ser também desenhados e narrados, e assim transformados em *aventura*, podem gerar novas soluções e imprevistas cumplicidades.

Podem revelar intimidades desconhecidas e imensidões inesperadas.

CAPÍTULO 7

A história de Roberta, 12 anos

Um caso declarado de "retardo mental", da raiva explosiva de quem se sente "invisível"...
...às palavras de quem reencontrou a própria imagem no espelho.

O início da história

Vista pela estudante que nos apresenta o caso
"Roberta, 12 anos, frequenta a terceira série do ensino fundamental.

Tem um retardo mental que exige a presença de um professor de apoio.

Durante o tempo da aula, manifesta, muitas vezes, a necessidade de sair da sala.

Se lhe dizem alguma coisa que não lhe agrada, bate ou joga os objetos, ofende."

Diagnóstico funcional
"A desarmonia evolutiva, com distúrbios evolutivos específicos mistos, torna inconstantes a aprendizagem e as tarefas.

Roberta necessita de um programa didático personalizado que leve em conta a sua tendência a se refugiar nas próprias associações e pensamentos, e a dificuldade em aderir ao plano de realidade, até porque é muito sensível às frustrações e muito temerosa em mostrar os próprios limites.

Sensível às relações humanas, prefere o trabalho no pequeno grupo e a atividade de oficinas."

A história de Roberta se apresenta

Esta é a história de Roberta, de doze anos, assim como nós a vimos e assim passaremos a descrevê-la e ilustrá-la.

É a história de uma garota que traz o diagnóstico de "retardo mental" e tem um professor de apoio, a estudante que levou o caso ao grupo de trabalho para buscar, juntamente com outros estudantes, aquele *desinfetante* que deverá ajudar Roberta a curar suas feridas.

A menina encontrou sua cura através de uma série de cenas, nas quais observamos uma garota utilizar todo o seu corpo para expressar raivas e dores, e a vemos arremessar objetos e palavrões contra quem ela encontra, como para criar e manter distâncias cada vez maiores entre ela e os outros...

Nós lhe propusemos uma cura

E isso foi uma caminhada, com a procura de símbolos capazes de pôr Roberta em contato consigo mesma e com os outros, e tomar em empréstimo da natureza temas úteis para preencher um *vazio* que ela demonstra. A sensação de *vazio*, sabemos, sempre traz sofrimento, é o não saber quem se é e o que se tem, é o *não*, é como o *negativo* de nossa fotografia, que sempre dá um pouco de angústia. Somente com o desenvolvimento e o nascimento das cores temos o *positivo*, a revelação.

Ela encontrou as suas forças únicas

Encontrou as *suas* cores com as quais se preencher, e depois encontrou também o seu *pleno*, que era de alegria a ser expressa com o *canto*, e de sentimentos a serem expressos com as palavras escritas em uma *carta*. E encontrou o *espelho* onde se reconhecer!

E descobriu, no final

Que a sua história pode ser criada, recompor-se, ter um sentido.

O contexto

Estamos na Universidade de Estudos de Bolonha, na Faculdade de Ciências da Formação, em um Laboratório intitulado "Desenho como exercício para uma comunicação simbólica das emoções".

A estudante, que trabalha na qualidade de educadora em uma escola média, tem grandes dificuldades com a aluna que acompanha.

Propõe levar o caso de Roberta ao Laboratório, e o grupo de estudos acolhe a menina e sua educadora, para ver os problemas que apresenta e as soluções possíveis a serem adotadas.

A história se colore

Era uma vez uma garota que parecia estar em busca de algo de novo que a ajudasse a descobrir também o conhecido, e logo acolheu com entusiasmo o percurso criativo que a estudante-professora lhe apresentou.

1 – DESENHO LIVRE A LÁPIS. Mostra-nos um grande rosto que ocupa toda a folha, como a se apresentar, como a nos mostrar a sua (carteira de) identidade.

2 – DESENHO LIVRE EM CORES. Roberta escolhe uma grande árvore preta e uma pequena bola de cores para iniciar sua história, sobre um declive um tanto íngreme, bastante difícil...

E esta árvore se tornará o tema inspirador de diversas histórias que, no final, os estudantes prepararam para Roberta, para presenteá-la com mensagens de aceitação de si e de confiança no mundo.

Decidimos passar a explorar o fechamento e a abertura, visto que Roberta, com seu desenho livre, nos propõe ambas as dinâmicas, e convidando-a a desenhar, tomamos em empréstimo da natureza:

3 – O INVERNO E A PRIMAVERA sobre a mesma folha. Com a sua resposta, é como se nos dissesse que lhe tínhamos pedido demais,

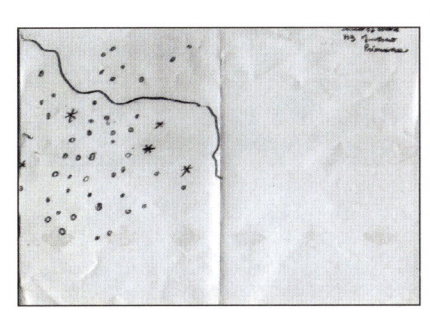

como se ela estivesse sintonizada com o repouso do inverno. De fato, ela nos diz: **"Não posso fazer a primavera... não me sinto capaz... faz você..."**

Então, para convidá-la a sair pouco a pouco desse êxtase, pedimos na proposta seguinte que desenhe:

4 – UM RIO, deixando que ela escolha todas as características de seu rio...

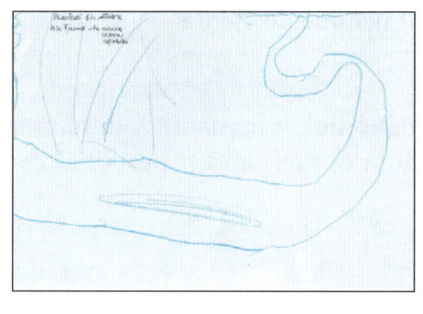

A resposta? **"Eu desenhei o mar no alto, é a mesma coisa?...**

Não sei onde pôr a montanha..."

É como se nos mostrasse um rio aos saltos, um movimento difícil, quase impossível. Então, para facilitar-lhe a vida, oferecemos-lhe a imagem de uma "queda" d'água, para ver como é. E pedimos que desenhe:

5 – UMA CACHOEIRA

A resposta nos parece muito boa, enquanto ela parece gostar desse gesto e dessa cena, como se permitisse a si mesma, de maneira jocosa, descobrir e apreciar a *força* da água! E, pela primeira vez,

preenche toda a folha e todo o tempo com prazer. E encontra belas palavras para descrever a sua obra.

"Agrada-me a força da água. Eu queria ser Mary Poppins para entrar no desenho."

Um movimento livre que parece permitir o crescimento dessas árvores viçosas e daquela erva-primavera que se tinha proibido.

E agora chegamos ao tema da "queda livre" também com a proposta seguinte, e lhe pedimos para desenhar:

6 – UM GRUPO DE ESQUIADORES

"Como é bonito o esquiador com a neve... É um pouco difícil, porém, não imaginava que fosse tão difícil assim de fazer... Sabe que, agora que desenho, eu me sinto mais calma?"

Novamente Roberta está ali, nos acompanha, mostra-nos sua percepção do corpo, com as dificuldades ligadas à sua síndrome (a transparência do corpo), mas também a possibilidade de "construir" esses corpos e, depois, olhá-los e reconhecê-los.

E então, com a proposta seguinte, passamos a revisitar esse corpo, com um tema que eu sempre considero muito transformador, enquanto ele liga e ativa tanto o mundo interior quanto o mundo exterior. Pedimos-lhe que desenhe:

7 – UMA PESSOA QUE GRITA MUITO ALTO

"Eu me envergonho de estar viva, me envergonho de falar, de fingir de me fazer mal, como quando pequena, me envergonho de fingir que eu não existo." (7b)

Com este tema, parece desencadear-se em Roberta uma grande dor, que ela pode contar e escrever, e também fazer sua protagonista cantar; e vem à tona o problema da "vergonha" e dos "sentimentos de culpa" que ninguém tinha conseguido perceber antes. Dificuldades e sofrimentos que antes se mostravam através de comportamentos agressivos no confronto com os colegas, revelando e ocultando o seu sentimento de inadequação, e que agora pode ilustrar com o gesto, com as cores, com a palavra, com o espaço inteiro de sua folha e com uma educadora que está ali para escutá-la e olhá-la, dedicando um tempo a ela.

Prosseguimos com a escolha de um tema ainda ligado à água, em vista das respostas positivas, com o objetivo de explorar seus limites, a percepção do *dentro* e do *fora*, o processo de individuação. Pedimos a ela que desenhe:

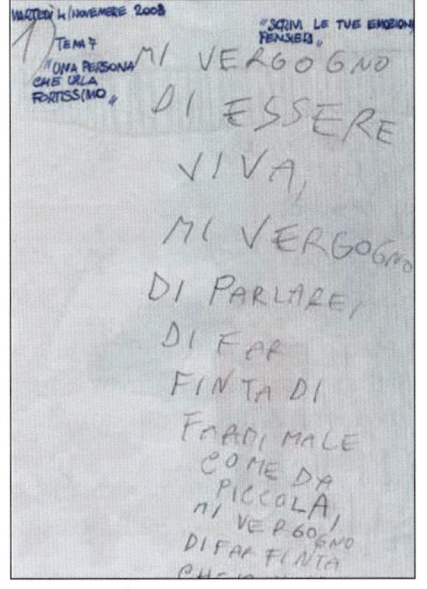

8 – UM LAGO EM MEIO A UMA CAMPINA

A resposta nos satisfaz demais. Roberta nos mostra com clareza os limites e a vida, tanto dentro como fora do lago. Com a proposta seguinte, voltamos ao tema da "relação" para levá-la a fazer a experiência, por meio das imagens, tanto da expressão quanto da escuta, para lhe propor

que saia do isolamento que a faz sentir-se inadequada. Pedimos-lhe para desenhar agora:

9 – UMA PESSOA QUE CANTA E UMA OU MAIS PESSOAS QUE ESCUTAM

"Na sombra do último sol / adormecera um pescador,/ tinha um grande sulco na face /como uma espécie de sorriso./ Chega à praia um assassino / Dois grandes olhos de menino / Dois olhos enormes de medo / Eram os espelhos de uma aventura./ E pede ao velho: dá-me o pão / tenho pouco tempo e muita fome / e pede ao velho: dá-me o vinho / tenho sede e sou um assassino."

Roberta se apresenta com muita poesia, tomando emprestadas as palavras de Fabrizio De Andrè, que sabia cantar os dramas humanos, e com esse tema o canto ativa a sua paixão, pede para entrar em um coro, torna-se parte de um grupo (jamais o conseguira com a turma), com um papel preciso e a alegria de poder cantar junto com os colegas e ser aplaudida e vista pelos pais.

No final do percurso, curiosos por ver o tema que ela nos traz espontaneamente, pedimos que faça:

10 – UM DESENHO LIVRE EM CORES, e ela diz que é "uma menina que se olha no espelho"!

O que Roberta nos mostra?

Nós achamos excelente esta escolha de Roberta, como se houvesse encontrado o espelho para se ver e, por isso mesmo, a tranquilidade capaz de se fazer ver. O espelho é, por excelência, o símbolo de identidade; sem o espelho, não poderemos saber quem somos, e só depois dessa familiaridade podemos usar também as pessoas como espelho e, assim, como preciosas fontes de conhecimento.

Como última solicitação, pedimos a Roberta que nos contasse sua história com três desenhos escolhidos por ela.

"Esta história fala de uma menina que pensa muito e se olha no espelho em seu quarto de dormir.

Um dia, a menina convida uma amiga da escola fundamental a sua casa, há muito tempo não se viam... Canta uma canção para ela e juntas se divertem muitíssimo a assoviar.

Um dia, elas se encontram na montanha..."

O final da história

Visto pela estudante que acompanha o caso

A estudante reconheceu as mudanças de Roberta a partir dos primeiros desenhos propostos, com o aumento das solicitações verbais e a diminuição dos comportamentos provocadores. O resultado foi um maior controle e maior serenidade demonstrada, e maior cumplicidade com a estudante, que até começou a entrar em uma relação que antes considerava insuportável.

Após dois meses de trabalho

Roberta apresentou outras melhoras: começou a falar muito, a contar muitíssimos eventos de seu passado, a mostrar novo humor, a rir, a assoviar, a cantar.

Continua a expressar com palavras as suas sensações, mesmo quando está em crise, e o desejo de sair da sala quando não domina mais as tensões.

Quando lhe escapa de arremessar objetos, sempre com raiva e força, ocorre que depois fica muito chateada e, muitas vezes, pede desculpas, repetindo que se envergonha e se sente mal.

Desenha muito, tanto na escola quanto em casa, e em muitas fotocópias de diferentes tamanhos reproduz o rosto.

Roberta parece ter encontrado confiança na estudante-professora e também esta parece ter encontrado mais confiança em si mesma.

Após um ano e meio do final do trabalho, Roberta conseguiu participar da excursão da escola junto aos companheiros. De início, estava preocupada com o medo de "não conseguir controlar-se pelo dia inteiro". No final, voltou com a satisfação de ter sido a fotógrafa do grupo, e de ter, assim, levado para casa igrejas, monumentos, cartazes publicitários e todos os seus amigos e professores, todos fixados com o seu clique e sua escolha das imagens.

Essas fotos foram coladas em um cartaz, com o mapa da cidade e o trajeto, e apresentado aos colegas da primeira série e, a seguir, à comissão de exames, conquistando, com isso, o diploma de terceira série do nível fundamental.

Afinal, no último dia de aulas, como confirmação da transformação ocorrida, Roberta presenteia sua estudante com um bilhete:

"Paula, obrigada por me ter ajudado a tornar-me grande; você estará sempre no meu coração..."

O que aconteceu?

Com o primeiro desenho, Roberta se perguntava e nos perguntava por sua identidade, com a apresentação do rosto...

Com o último desenho livre, ela encontrou o espelho (!) com o qual podia reencontrar-se, ver, reconhecer! É o instrumento principal da iluminação, símbolo da sabedoria e do conhecimento.

O que reflete o espelho? A verdade, a sinceridade. O espelho reflete uma face sorridente e um corpo cheio de cores, e são as cores com as quais Roberta se preencheu, roubando-as à água e às campinas.

O espelho não tem apenas a função de refletir uma imagem; a própria escolha e a construção do espelho, mais que uma causa, é o efeito de uma transformação ocorrida. E o resultado é a *beleza da renovação* de si mesma e, em consequência, dos outros.

Com esse espelho mágico, Roberta irá encontrar a sua voz e o prazer de cantar, irá encontrar as cores e o prazer de colorir, irá encontrar uma amiga e o prazer de dialogar, irá encontrar a sua história e o prazer de habitá-la.

E descobriu, afinal, que sua história pôde ser criada, recocomposta, ter um sentido.

Por quê? Porque ela foi *fotografada* por nós, pintada e descrita: este é o excelente trabalho realizado pelo grupo de estudantes, encontrando soluções criativas a serem propostas a Roberta, que são um ensinamento para todos nós, e a confirmação de que se pode *também* ir além do comportamento visível, a primeira fotografia, em branco e preto, para procurar outras, em cores.

E nos mostrou uma cena diferente da inicial, na qual a vemos usar todo o corpo para expressar *também* alegrias e sorrisos, pelo prazer do canto que irá descobrir depois de tê-lo desenhado. Esse é o seu *desinfetante*.

A partir desse momento, Roberta descobre também o trabalho de autoconhecimento que a estudante nela ativou, e vai agradecer-lhe por isso, com o prazer de haver descoberto a relação íntima, e uma relação epistolar, com a *carta* que usa para expressar os próprios sentimentos e os agradecimentos.

Esta história nos ensina... que se pode ir além do comportamento visível, a primeira fotografia, em branco e preto, para buscar outras... em cores.

CAPÍTULO 8

A história de Matilde, 8 anos

Quando ocorre a perda de um genitor...
Da raiva da solidão...
... às emoções recontadas e partilhadas.

O início da história

Esta é a história de uma menina, assim como nós a vimos, construimos e transformamos. Uma menina de 8 anos que perdeu a mamãe, morta há 4 anos, e que agora vive com o papai.

Frequenta o 3ª ano do ensino fundamental e mostra – aparentemente só na escola – um profundo sofrimento, em comportamentos incompreensíveis e difíceis de serem suportadas pelos professores.

A sala de aula é o contexto no qual iremos pôr em prática nosso projeto através do "desenho orientado"; a psicoterapeuta recebe da professora o pedido de ajudar Matilde a encontrar a si mesma e ajudá-los a encontrar Matilde.

A história vista pelos professores, pela psicóloga da Unidade de Saúde e pela psicoterapeuta que cuidará dela.

Os professores:

"São muito preocupantes os ataques de agressividade insuportável e fora de controle de Matilde, que se expõe a situações de grande perigo; uma vez, fugiu da escola, acabando no beiral do telhado. No interior da sala de aula, Matilde traçou um percurso delimitado por objetos que devem ser somente seus, e se um companheiro entra ali, ela tem ataques de ira furiosa, quando arremessa com violência livros, estojos e tudo o que encontra por perto. Ela unhou uma substituta. Em geral, esses ataques ocorrem imprevistamente, sobretudo, quando são as substitutas que estão trabalhando.

Os companheiros têm medo dela, e até alguns professores. Há pouco, a diretora foi chamada durante um ataque de ira de Matilde, e ela também admite que se sentiu completamente assustada e impotente. Os professores dizem que com o pai, ao contrário, ela é *boa*. Depois desses ataques, Matilde chega a pedir que não contem nada para ele.

Agora, a sintomatologia de Matilde se manifesta principalmente com movimentos estereotipados, baixíssimo rendimento escolar, apesar de ser dotada de uma discreta inteligência, e momentos em que Matilde se mostra ausente, alternando momentos de grande agressividade."

A psicoterapeuta da Unidade de Saúde:

"Viu a menina algumas vezes e assinala a total incapacidade do pai para cuidar dela. Informa que pai e filha dormem juntos. Relata também múltiplos episódios em que o pai costumava forçar Matilde, todas as manhãs, mandar beijo para mamãe quando passavam diante do cemitério."

A psicoterapeuta que cuida dela:

Acompanhando-a no grupo de estudos, durante o Curso "O que eu vejo em um desenho?", tem o papel de consultora na escola. Teve entrevistas com o pai de Matilde e traz a avaliação de um pai que lhe parece "imaturo do ponto de vista afetivo, com um enfoque da vida e, por isso mesmo, dos problemas da filha, muito autocentrado e incapaz de perceber os aspectos emocionais profundos, tanto os seus quanto os de sua filha". Matilde parece superprotegida nas relações com o pai, procurando bancar a "mocinha". O pai constantemente lhe cobra responsabilidades e lhe impõe obrigações muito distantes da idade cronológica da filha. Pretende sempre que a filha entenda e reconheça tudo aquilo que "ele faz por ela".

A história de Matilde se apresenta

Ela encontrou sua cura

Com o esforço para manter todos à distância, como para proteger sua identidade de menina, não reconhecida, talvez, nem por ela nem pelos outros, a menina reserva para si, na sala de aula, espaços físicos no interior dos quais *ninguém pode entrar*, e ameaça qualquer um que ouse se aproximar, com comportamentos agressivos, "como um pivete", que todos, crianças e adultos, não conseguem modificar nem tolerar.

Nós lhe propusemos uma cura

Para se pôr em contato consigo mesma e com seus recursos, e com sua *ferida*, para poder desinfetá-la e, assim, curar-se.

Ela encontrou suas forças únicas

E passa a denunciar as negligências dos adultos insensíveis, e vai encontrar a *sua* dor da perda e os recursos capazes de substituir e curar a perda da mamãe.

E descobriu, no final da história,

O seu lado feminino e a capacidade de falar, pela primeira vez, de sua mamãe com os companheiros e com as professoras, contando as recordações que lhe ficaram.

A história se colore

Esta é a história de uma menina que, de início, quer ser chamada de **Animal zoo** e, no final da viagem, mudará seu nome e escolherá **Veterinária zoo**. Passando de "animal" a "cuidadora" do animal!

1 – DESENHO LIVRE EM BRANCO E PRETO

A menina enche a folha de símbolos, com flores esparsas, uma borboleta em voo, o bondinho nos ares, um camundongo embaixo...

Mas o que nos toca é a parte central da folha, com essa quantidade de árvores "acorrentadas" e, abaixo, uma menina, que parece um "pivetinho", à espera que algo aconteça.

2 – DESENHO LIVRE EM CORES

Apresenta-se em meio ao mar, com um barco estacionado, tendo acima dele, metade de uma casinha; ela parece estar na expectativa de encontrar um lugar, sob um enorme sol, e ainda uma quantidade de nuvenzinhas que parecem ter olhos para ver toda a cena, nuvenzinhas que ela nomeia, como se fossem uma presença feminina e uma presença masculina importante. Nós optamos por fazê-la partir logo desta história e lhe pedimos:

3 – UM RIO QUE NASCE, ESCORRE E DESÁGUA, para percorrer novamente com ele as fases do ciclo vital, que o rio evoca simbolicamente, visto que existe um luto importante a ser revisitado. A resposta nos parece boa, enquanto nos faz ver o escorrer do rio-do-tempo, mas é um rio que sobe... um difícil desaguar. Por sorte, mostra-nos o sol que cura aquilo que não nos agrada. Fantástica! De fato, ela diz: **"O desenho não me agradou... mas vá lá... com o sol ele me agradou mais..."** E agora procuramos utilizar a força do sol que simbolicamente a menina nos mostra, para fazer nascer aquela urgência que manifestamos com o grito, e aquela unicidade que só expressamos com a voz. E a menina se manifestará.

4 – UMA PESSOA QUE GRITA FORTE PARA SE FAZER OUVIR AO LONGE

"Este menino está na estrada e foi ferido por um motorista que lhe grita: 'Ei! Preste atenção por onde anda!' Eu penso que aquela pessoa estava muito enfurecida."

Com este desenho, é como se a menina nos mostrasse seu drama, sua ferida não compreendida pelos adultos e que, assim, torna-

se um novo problema. Com seu desenho e suas palavras, mostra-nos a raiva do motorista, e não a dor do menino ferido! Como se o problema principal não fosse a perda da mamãe, mas a incompreensão e a solidão em que a menina vive sua dor.

E agora procuramos colocá-la em contato com o drama, para lhe dar a oportunidade de contá-lo a nós, de modo simbólico e, pois, transformador, e com a proposta seguinte pedimos a ela que desenhe:

5 – NO TEMPORAL, UM GATINHO ACABOU SOB UM MONTE DE ESCOMBROS

"Sinto muita pena do gatinho que, com a chuva, sentirá muito frio no corpo."

E a menina mostra-nos aqui a "desgraça", mas também todos os cuidados e atenções que presta a seu gatinho em dificuldades, e prepara-lhe um cobertor de muitas cores para suavizar a queda dessa montanha debaixo do temporal. E agora prosseguimos a história com um tema de "cura dos desejos":

6 – O QUE FAZES QUE TE DEIXA MAIS ALEGRE

"Minhas emoções foram muito bonitas, porque me agrada ir à piscina."

E finalmente a menina pode brincar na piscina, pode escolher um momento de prazer, todo para si mesma, ainda com o tema da

água. E vemos que a *corrente* que mantinha ligada as duas árvores no primeiro desenho livre, agora parece transformar-se em uma decoração, acima da água da raia da piscina.

Agora, para reforçar o movimento livre da mente e corpo, pedimos a ela que se identifique com duas realidades, a da construção e a da liberdade, para lhe dar a possibilidade de ver e reviver ambas as situações e, assim, poder escolher entre elas. Utilizamos o animal que ela, como seu nome artístico, indicou ser importante; vamos despertar seu lado instintivo, seu lado verdadeiro.

7 – DESENHA ANIMAIS NO ZOO E ANIMAIS EM LIBERDADE

A resposta é muito interessante, como se nos mostrasse uma grande consciência, pelos símbolos escolhidos e pelas narrativas assim orientadas.

Com a girafa em liberdade: "Como é bom poder correr e fazer aquilo que quero". Com o leão preso no zoo: "Socorro! Estão me tratando como um trapo!"

"As emoções que eu experimentei com o desenho do zoo é que me dá vontade de libertar os dois e levá-los a um lugar seguro. Diferente dos animais fora do zoo, estou muito feliz por eles."

8 – UMA PESSOA QUE CANTA, E UM PÚBLICO QUE APLAUDE, para retomar o tema da voz, símbolo importante de unicidade e, pois, de identidade, e para levá-la a ter a experiência de sentir-se não só respeitada, mas também admirada. Do *grito*, que marca sempre o

nascimento de alguma coisa, passamos agora ao *canto*, para convidá-la a expressar suas emoções e não contê-las mais, como quando se sente obrigada a fingir de "menina corajosa" para não desiludir o papai. Nós a convidamos a cantar as alegrias e também as dores, as raivas e os amores, sabendo que o canto transforma tanto a cantora quanto os ouvintes. O canto é o símbolo por excelência da felicidade; se estamos felizes, cantamos; se estamos tristes e cantamos, tornamo-nos felizes. Todas as dores mais insuportáveis podem ser cantadas e, assim, transformadas. A resposta da menina nos parece excelente, enquanto nos mostra tanto os aplausos quanto as críticas do público que ela escolhe para si, como se agora aceitasse também as vaias! Como se aceitasse não agradar a todos! "Brava" e "Bu bu dá nojo!" Além disso, mostra-nos uma garota muito mais crescida em relação à pivete do primeiro desenho! Ficamos encantados com sua apresentação e, por isso, permanecemos com este tema tão fascinante do canto, e lhe propomos que prossiga:

9 – ANIMAL ZOO TORNA-SE UMA CANTORA FAMOSÍSSIMA, TODOS ESTÃO ENCANTADOS E DELICIADOS COM SEU CANTO E SUA ESPLÊNDIDA VOZ.

E seu tema do canto nos reapresenta uma segunda cena, ainda mais evoluída, ainda mais sedutora, ainda mais rica, com a *corrente* que a menina nos propõe no primeiro desenho, servindo para ligar as duas árvores, e que a seguir, no desenho 6 da piscina, torna-se ornamento a ser admirado, agora transformada em um enfeite de sua calça comprida! **Minhas emoções foram de diversão. A canção é: "Eu sou egípcia e camponesa, e tenho sucesso, não encham mais o saco, barabon bon bon!"** E escreve sobre o desenho: **"Brava brava brava! VAI SHAKIRA!!! CASAREI EH EH EH CONTIGO VAI ÉS AS MINHA PREFERIDA DÁ-ME UM AUTÓGRAFO?** E dentro do balão: **PARA COM A MINHA EMO-CIONANTE CANÇÃO! MAS VAI SER UM FRADE!**

Com o último desenho, pedimos a ela que amplificasse a alegre atmosfera que já nos tinha apresentado, para que pudesse reconhecê-la como uma coisa boa.

10 – UMA FESTA DANÇANTE

A resposta nos parece ainda muito interessante, porque é como se nos propusesse de novo a sua história, com a apresentação de si mesma em três fases: a primeira fase da pivetinha que deve se defender das ameaças internas e externas com agressividade, e depois a segunda fase da garotinha *vamp*, a garota sedutora que começa a se

reconhecer com seus prazeres, e enfim uma senhora ainda mais adulta e mais elegante, co-mo uma princesa, que parece ter atingido os seus objetivos de beleza e nos saúda com uma quantidade de **ciao ciao**, e assina com uma promoção: **VETERINÁRIA ANIMAL**, e não mais **animal zoo**.

Como se nos mostrasse suas forças agora, afinal, despertadas!

A proposta final

No fim, pedimos à menina e a todos os colegas de sala que escrevessem a própria história em quatro desenhos escolhidos livremente e, em seguida, escrevessem uma história em quatro desenhos escolhidos pelo(a) colega de carteira. E assim cada um tem a própria história vista e reescrita por si mesmo, e a história vista e reescrita pelo(a) colega, sempre em quatro desenhos escolhidos pelo autor/autora.

A escolha dos quatro desenhos também é importante para nós. Para ver quais foram os preferidos pela menina e quais os temas mais transformadores.

A história é contada com as palavras da menina

A história de Matilde vista e escrita por ela mesma
"Shakira e seu gatinho enxerido"

(Desenho A) Era uma vez... uma cantora chamada Shakira, que tinha um gatinho muito enxerido.

Um dia, os protagonistas de um filme perguntaram a Shakira se queria tornar-se atriz, e ela disse que sim.

(Desenho B) No dia seguinte, disseram-lhe para atravessar o mar. Então Shakira mandou preparar o navio e uma pequena xícara para seu gatinho.

Shakira pegou o gatinho, mas quando o segurou, ele caiu na água.

Shakira tentou pegá-lo, mas assim que o gatinho segurou sua mão, começou uma grande tempestade.

E Shakira teve de abandonar o gatinho, porque não podia fazer nada, e partiu com o navio.

(Desenho C) No dia seguinte, o gatinho se encontrou em um descarregamento, misturado no material que saía da descarga. O gatinho tentou chamar a atenção com seus

miados, mas ninguém o ouvia.

Shakira também estava preocupada com seu gatinho.

(Desenho D) Por sorte, Shakira devia fazer a filmagem exatamente no descarregamento. Shakira ouviu os miados e foi olhar no lixo e encontrou seu gatinho, e viveram felizes e contentes!

A história de Matilde criada pela colega de classe

"A história de Matilde vista por mim"

Um dia, uma cantora de nome Matilde tornou-se famosa e encontrou uma gata chamada Lilli debaixo dos escombros.

Matilde a retirou daqueles escombros e a levou para seu espetáculo.

A gata estava no camarim enquanto bebia seu leite.

No dia seguinte, Matilde levou Lilli para fazer um passeio na orla do mar.

Uma vez, deram uma volta pelo mar, e depois ela disse a Lilli: 'Você foi a minha primeira gata'.

Depois, voltaram e Matilde precisou deixar Lilli sozinha em seu camarim.

Enquanto Matilde cantava, Lilli fez um buraco na porta e subiu ao palco.

Matilde a viu e não parou de cantar, mas continuou.

Depois Lilli se pôs a miar no ritmo da música.

Assim Matilde e Lilli ficaram famosas em todo o mundo."

O que aconteceu neste percurso?

É como se a menina tivesse encontrado a força e o papel de curadora de si mesma!

E o "animal zoo", o lado selvagem, o lado ferido, transforma-se em "veterinária"! Em médico! Em curadora da própria feminilidade, talvez interrompida pelas exigências excessivamente altas que lhe eram feitas pelo pai, a quem queria agradar a todo custo.

Nós convidamos aquela menina sofredora "que sangrava" a pôr-se em contato com a dor, a ferida, e ela aceitou.

E o *contato* é a condição favorável para sair, é a força para encontrar o caminho de saída, em algumas breves etapas que nós lhe sugerimos, e ela aceitou!

E no final, ela festeja seu reencontro, primeiro com o aplauso de um público caloroso, e no último desenho, de modo quase místico, silencioso, respeitoso diante do grande evento, apresenta-se em sua realeza e nos saúda com dignidade, com reconhecimento.

Com o reconhecimento de quem está consciente da transformação.

De "pivetinha" a "fada"!

O itinerário se realizou no interior da classe, e cada criança recebeu e desenhou os temas propostos a Matilde, e utilizou-os fazendo sua *própria* viagem interior, e afinal cada uma construiu o próprio livro, com as imagens, as emoções e a história que cada criança devia criar para si, escolhendo quatro desenhos, e criar para o companheiro (a), sobre quatro desenhos que ele/ela havia escolhido.

E cada um criou e recebeu uma história, e os desenhos se animaram. Nós vimos a história escrita por Matilde: "Shakira e seu gato enxerido", e a história escrita por sua colega de classe: "A história de Matilde vista por mim", construída sobre quatro desenhos que ela escolhera entre todos.

É como se a menina tivesse podido reconhecer-se na *liberdade* conquistada, transformando a "corrente" que liga as árvores em uma corrente que enfeita, um objeto estético! Uma verdadeira "capa"!

Trata-se de uma história que é um precioso dom também para os professores, reconhecidos como os atentos *guardiões do bosque*, e para a terapeuta *Colorina*, que pôde mostrar instrumentos *especiais*, a tal ponto que as professoras solicitaram à psicóloga outras intervenções nas classes.

Um preciosíssimo dom para todos nós, que podemos *ver* e adquirir cada vez mais confiança nos poderes curativos da criatividade.

O final da história

Após dois meses de trabalho

O ponto de vista das professoras relatado pela psicoterapeuta

"As professoras me informaram que *agora Matilde está muito mais tranquila*. Quando é repreendida, não apresenta mais uma reação agressiva e violenta como antes, agora consegue aceitar também as críticas e rir delas. Quando alguma coisa não está bem, ainda se fecha e se obstina em não fazer o que lhe é pedido, mas existe também a possibilidade de dialogar com ela e de interromper aquele ritual. Não ocorreram mais crises violentas e agressivas no relacionamento com os colegas; ao contrário, parecem aceitá-la sem dificuldade, quando antes tinham medo dela."

"*O extraordinário é que agora os professores parecem olhar Matilde com outros olhos*", comenta a psicóloga!

"Enquanto antes ela era apresentada como um problema insuportável, agora a descrevem como uma menina muito sensível, além do seu "caráter firme", que despende muito esforço e cuidado em algumas atividades nas quais os colegas parecem sobrevoar descuidadamente."

Uma bela transformação de olhares! Também porque os professores começaram a interagir com ela, levando não apenas críticas, reprovações e punições, mas também, e sobretudo, valorizações e gratificações. Matilde já não é mais apenas aquela que dá raiva, mas se mostra *também* "uma menina sensível, profundamente inteligente e doce".

Outra professora, a quem a psicóloga perguntou como via Matilde:

"Agora é outra pessoa. Está irreconhecível. Aquelas crises absurdas não existem mais. Agora permanece na sala, quando antes fugia para a rua. E pela primeira vez, desde quando a mãe morreu, Matilde começou a falar comigo sobre ela, serenamente. Disse-me que bancava a secretária. Agora fica mais claro o motivo por que, entre os comportamentos estereotipados de Matilde, aparecia o de fingir que estava sempre ao telefone!... Faz alguns dias, vestiu meias compridas muito bonitas e, com orgulho, disse-me que eram da mãe. E depois acrescentou que não se recorda de muitas coisas porque quando a mãe morreu ela era muito pequena..."

O ponto de vista da terapeuta que cuidava dela
"A transformação que eu vi"
"No que me diz respeito, não obstante eu tenha conhecido a menina apenas por ocasião do trabalho com os desenhos, percebi notáveis mudanças. A mais significativa delas diz respeito ao seu aspecto. Inicialmente Matilde tinha sempre uma expressão triste, passiva, quase resignada. Nas últimas vezes em que a vi, ao contrário, tinha um semblante que parecia muito mais vital, o comportamento mais ativo e positivo, e parecia mais participante, tanto em relação a mim quanto aos companheiros.

Por ocasião do desenho nº 8: *"uma pessoa que canta e um público que aplaude"*, eu a vi excitada, feliz, orgulhosa, e caminha entre as carteiras mostrando com orgulho o próprio trabalho..." "Nos primeiros encontros, parecia-me uma criança muito infantil. No último encontro, assisti a uma metamorfose: tinha um aspecto muito cuidado, três trancinhas que lhe enriqueciam o rosto, o vestidinho decotado, muito gracioso, a pele escura um tanto bronzeada, reconhecida também pelos outros como uma garotinha graciosíssima, elegante, que às vezes mostrava, principalmente enquanto fazia o desenho, expressões sedutoras e agradáveis.

Todo o trabalho foi muito, muito emocionante.

Matilde inicia sua história com uma *corrente* que liga duas pequenas árvores... e conclui sua história com uma *corrente* presa na calça de uma garotinha um tanto *vamp*, que mostra sua *feminilidade* de mulher, depois de ter encontrado a sua *capa* de menina."

O que foi que vimos?

Vimos que, durante o itinerário, a menina superou obstáculos e encontrou a coragem de gritar a sua raiva e de reencontrar sua voz narradora, e também descobriu o seu modo de cantar a vida e de mandar "*prá aquele lugar*" quem não está com ela!

E somente *traindo* os outros, o "não-eu", é que pode ser fiel a si mesma, ao "eu". E o casamento está garantido! Ela, agora, é como se decidisse "desposar" esta imagem de si mesma, recuperada, com uma promessa timbrada por um autógrafo que dá a ideia de durabilidade, de futuro, de independência.

E, reencontrando-se, é como se pudesse recuperar o seu papel de filha, desenhando-se, no final, com a mamãe, que agora pode olhar, que tem o seu lugar: em sua folha, em seu coração, em sua classe; e da qual, agora, é possível falar com a professora e com as amigas.

De início, como vimos, ela se batiza de "*animal zoo*", e no final, assina o último desenho como "*veterinária animal*", como a mostrar-nos sua força curadora! Fantástica!

O que esta história nos ensinou?

Aos meus jovens curadores, a mim e a todos nós, esta menina, com o seu: "**por sorte, porém, existe o sol!**", deu muito mais coragem e mais confiança no calor do sol que, tomado em empréstimo, e desenhado, colorido e contemplado, pode voltar a aquecer os corações antes congelados.

E nos recordou que, na *perda* e na ausência da mãe, "a capa" representa desde sempre o "segundo brinquedo da humanidade", daí a cura.

E nos confirmou que as *feridas* são enfrentadas, e *encontradas*, porque só assim podem ser transpostas e superadas.

Esta escolar deu às professoras a importante função de recolher os *problemas* e de buscar as *soluções*.

Elas convidam, acolhem e apreciam a *Psicóloga* como ajudante e, em consequência, fazem dela uma figura apreciável e preciosa também aos olhos das crianças.

E vemos, a seguir, que entram em cena e atuam tantos personagens e tantos papéis, na realidade como nas fábulas, e *todos* são importantes, *juntos*, para *transformar* as histórias *amargas* em histórias *amáveis*.

CAPÍTULO 9

A história de Tommy

Uma história de adoção:
à procura do passado para abrir-se
ao futuro

O início da história

Apresentada pela psicóloga que propôs o caso no interior do Curso "O que eu vejo em um desenho? As necessidades e os sonhos de uma criança".[66]

Tommy tem 9 anos. Foi adotado aos 6 anos, juntamente com a irmã que tem três anos a mais.
Viveu em um orfanato onde foi vítima de maus tratos, e a irmã sempre procurou proteger muito o irmãozinho.

O problema mais urgente que relatam os pais são as crises de raiva e agressividade que Tommy teve no decorrer do último ano, em relação à mãe e a uma professora em particular, a qual se espanta diante de suas ameaças. Já encontraram, em sua mochila, um par de tesouras, com as quais queria agredir a mestra nos olhos. Tommy não fez nenhuma psicoterapia. Teve alguns encontros com uma psicóloga para fins de diagnóstico. O diagnóstico que ela apresenta é de "angústias arcaicas de perseguição; percepção de ter em si mesmo um lado muito rude e mau".

O diálogo pelo desenho
O percurso com o desenho começa com a colaboração do menino e seu prazer de narrar a si mesmo, e, desde o início, seu diálogo muito intenso e muito importante com a terapeuta, suscita o interesse e a parti-

---

[66] No original, como em trocadilho, *(di)segno?* i *bisogni* e i *sogni dei bambini*. (N.T.)

cipação de todo o grupo. Ele dá a partida em sua história, que recebe um título dele mesmo, e, pouco a pouco, parece que ele conduz o jogo, até chegar à festa final do reencontro com os afetos e com a casa.

A história de Tommy se apresenta

Um menino que encontra sua casa somente depois de ter encontrado no bosque as suas origens

Esta é a história de Tommy, e é uma história de adoção, na qual ele nos convida a entrar em um momento difícil de seu caminho de filho e de estudante.

Ele encontrou sua cura

Fazendo-se adotar por sua inseparável irmã, e não por novos pais.

Mas ele se reconhece no papel de órfão, sente-se mal nele, e todos os medos internos se transformam em raiva do lado de fora.

Nós lhe propusemos uma cura

E ele ali comparece e, em companhia de seu gato Scooter, deixa a casa e se encaminha para o bosque, para se alimentar da força vital das águas do rio e da cachoeira, para despertar de novo o crescimento com as árvores e as campinas, e para procurar a liberdade nos diversos animais. E ali encontra diversos perigos e obstáculos a serem superados, e reencontra a satisfação de fazê-lo, e depois de ter "tocado" as suas origens por meio dos símbolos apropriados, pode voltar para casa com o sorriso do autorreconhecimento.

Ele encontrou as suas forças únicas

Depois de ter chegado ao castelo que construiu para si mesmo, com todas as seguranças e as riquezas que merecia, ele se festeja e, assim alimentado, montado em seu cavalo veloz, volta para casa, após ter recomposto sua história e revitalizado as partes de si mesmo que estavam na sombra.

E descobriu, no fim da história

A alegria do regresso ao seu quintal, com uma grande festa, depois de ter recuperado os dois pais, todos os quatro familiares agora presentes, para celebrar o reencontro dos quatro animais, agora vivos, com suas qualidades únicas, agora visíveis!

A história ganha cores

Pedimos logo a Tommy que nos diga qual é o seu problema, aquilo que mais o perturba e, a seguir, qual a sua solução, aquela que ele considera desejável, e ele se autodefine:

"Aqui estão as montanhas, a colina e a cidade. Na cidade as pessoas ficam com muita raiva, na colina um pouco menos, e na montanha nunca ficam com raiva. Eu moro na colina e venho à escola na cidade. Gostaria que tudo recomeçasse do início sem que existisse a guerra."

Após este autodiagnóstico, pusemos em ação a história de Tommy, com o pedido dos dois primeiros desenhos livres, que ele intitula: **Tommy e a história de Scooter, o gato que teve a coragem de crescer.**

1 – DESENHO LIVRE A LÁPIS

Desenho um gato, estas crianças são as donas do gato. A irmãzinha diz "1" com a mão porque ele se enganara, pensava que fossem dois gatos, mas ao contrário era um só."

2 – DESENHO LIVRE EM CORES

Esta é a casa das crianças. O cão tinha fugido, viu o gato e correu atrás dele. A irmã então pega o gato e o acalma; o irmão pega o cão e o acalma. Eu moro em uma colina e tenho muitos animais: um gato, um cachorro, dois coelhos, uma tartaruga, pei-

xes e um ouriço que está solto... todo o tempo ele sai e volta. O meu gato se chama Scooter.

Esta é a história de um menino , iniciada no interior da cozinha de sua casa, depois em seu quintal, mas em estreita cumplicidade com a irmã. Nós de-

sejamos conduzi-lo para fora de casa em busca de suas forças únicas, para que possa falar sobre si mesmo, ao invés de sua dependência da irmã.

3 – ESTA É A HISTÓRIA DE SCOOTER, UM GATO PRETO MUI-TO CURIOSO QUE UM DIA DECIDE AFASTAR-SE DE CASA PARA IR DESCOBRIR O QUE EXISTE NO BOSQUE. CAMINHA, CAMINHA...

O gato encontra um cervo. Aqui está a casa, depois são as árvores próximas da casa. Depois estão as árvores do bosque, que são como árvores de Natal.

Depois, um carvalho que tem os ramos que parecem os chifres de um cervo e se confundem com eles. O gato diz as coisas ao ouvido do cervo, assim os outros não podem ouvir.

O menino nos propõe de novo a cumplicidade a dois, com a

proposta de novos estímulos; é como se nós lhe disséssemos: *veja como você pode ser*, veja que coisa diferente você pode ver sobre você mesmo, pode descobrir... Nosso objetivo se confirma como se fosse a ruptura daquela cumplicidade a dois que parece ter-se tornado exclusiva, a fim de que o menino possa deixar-se "adotar" pelos pais, e não pela irmã. Como ajudá-lo a reencontrar o seu papel de filho, capaz de dar aos pais os seus verdadeiros papéis? Ele desenha:

4 – O GATO QUE OLHA O RIO QUE NASCE, CORRE E DESÁGUA

Que emoção experimentou fazendo o desenho: "Um pouco de medo e prazer."

O gato tem sede e vai beber a água do rio. A águia desceu porque está cansada e repousa. Mas o gato deve estar atento, porque as águias pegam os gatos com as garras, levam-nos para o céu e os jogam lá embaixo! Agora é o cervo que vigia a águia e protege o gato. No céu, há uma coruja que procura lá de cima os camundongos para comer. Ali está a lua porque é de noite.

5 – O GATINHO ENCONTRA UM VIOLENTÍSSIMO TEMPORAL

Imprevisivelmente, o céu se enche de nuvens, ergue-se um vento forte e desaba um grande temporal! O vento faz voar o gatinho

Que emoção experimentou ao fazer este desenho: "Um pouco de medo, mais que da outra vez".

e o lança longe do cervo. O vento era tão forte, que ele o faz dar a volta e o devolve ao cervo, e juntos voltam para casa. Há relâmpagos e trovões. A águia também voa, lançada pelo vento para o lado oposto ao gato. É o cervo que vê tudo, exceto o gato que está voando no céu. É noite.

6 – O GATINHO SE ENCONTRA SOZINHO NO BOSQUE

E agora o gato se esconde em cima da árvore e, quando chega a águia, ele mostra as unhas e faz que vai comer as patas da águia! Então a águia assustada voando vai embora! Aqui está também a toca do gato, onde ele pode se refugiar.

Ontem o meu gato arranhou o nariz de meu cachorro e fez seu nariz sangrar. Agora nós já o medicamos. O gato o arranhou porque tinha medo! Este é o esquilo que viu a cena, e se o gato não o fizesse, ele teria arremessado nozes na cabeça da águia. O cervo tinha dito à coruja para contar ao esquilo que o gato estava em perigo.

O céu era muito azul. O sol tinha despontado: era a aurora!

Mas como estava o cervo? O cervo estava preocupado, porque o gato era pequenino e, ainda que na realidade soubesse que o gato estava pronto, teria feito o mesmo!

Depois o esquilo e o gato fazem amizade e lhes acontecem muitas outras aventuras, e vão ao encontro do cervo.

Com estas propostas, nosso objetivo era caminhar em direção à separação dos dois irmãos, a fim de que o menino ative suas soluções, em vez de buscar a proteção da irmã.

Mas o que ele nos propõe? Ele acolhe a proposta da tempestade, mas o vento é circular e traz de novo o gato para perto do cervo! Somente num segundo momento isso acontece! E agora é como se o menino nos mostrasse novas descrições de si mesmo, como se tivesse aceitado nosso pedido provocador. Prosseguimos com o nosso diálogo:

7 – DEPOIS DE TER ENFRENTADO A ÁGUIA COM MUITA CORAGEM, O GATO COMEÇA A PROCURAR A ESTRADA PARA VOLTAR PARA CASA E, VÊ DIANTE DE SI

Uma belíssima cachoeira.

Aqui, o gato já havia crescido um pouco. Na cachoeira, havia peixes, e o gato faz amizade com um peixe. Esta árvore grande é como uma árvore que eu tenho em minha casa, que tem as folhas enfileiradas deste modo. O sol se encontra deste lado, e significa que está chegando o inverno e a águia está sempre mais faminta! É o pôr-do-sol.

A esta nossa proposta, segue-se um desenho dele com o título:

7b – O GATO BEBE NA CACHOEIRA

O gato vai beber na cachoeira porque tinha sede e, na realidade, atrás da cachoeira estava a águia, que sai da água e vai ao céu para ver se era o gato de verdade. Mas, como o gato está um pouco crescido, a águia precisa prestar atenção! Os peixes em cima da cachoeira cercavam o peixe mais abaixo, porque era o menorzinho.

O gato come todos os peixes porque tinha fome, exceto o menorzinho. O peixinho se assusta, mas o gato lhe diz para não ter medo, porque ele é um gato bonzinho e comeu os outros peixes só porque tinha fome. Então, tornam-se amigos.

8 – CRIANÇAS QUE BRINCAM E SE DIVERTEM NO PARQUE, para passar, agora, às relações humanas e verificar sua capacidade de relacionamento e de brincar com colegas. As crianças brincam de cabra-cega. Do bosque veio também o esquilo! Emoção experimentada ao fazer o

Que emoção experimentou fazendo este desenho: "Que no futuro, acontecerá alguma coisa de ruim como gato"

Que emoção experimentou fazendo este desenho: "Alegria"

desenho: "Alegria". E nós prosseguimos para saber qual era:

9 – O JOGO PREFERIDO DAS CRIANÇAS

Eu gosto de brincar com o computador. Ainda não tenho um, mas meu pai prometeu me dar. Esta é a minha casa, e aqui estou eu no meu quarto, onde brinco com o computador.

Às vezes, vou à casa dos vizinhos para brincar com o computador. Gosto muito de um jogo em que é preciso matar um monstro com as bolas de neve e, depois, o jogo "À procura de Nemo".

Que emoção experimentou fazendo este desenho: "Felicidade"

10 – CRIANÇAS QUE ATIRAM PEDRINHAS CONTRA UM MURO

Há um laguinho em minha escola onde existem peixes, e às vezes jogamos pedrinhas na água. Depois colocaram uma rede, porque as crianças tentavam pegar os peixes.

A esta nossa proposta, segue-se um desenho livre dele, de incrível riqueza.

Que emoção experimentou fazendo este desenho: "Felicidade"

10b – DESENHO LIVRE, que ele intitula O CASTELO

Estas são as torres, aqui é o quarto do rei, tendo debaixo um quarto com suas roupas penduradas. Aqui estão as escadas para ir aos quartos. Agora faço o quarto da princesa, e sempre embaixo estão os vestidos pendurados da princesa. Aqui, ao contrário, é o quarto do príncipe: as roupas do príncipe estão neste quarto no meio do castelo. Aqui estão também as armaduras do príncipe. Cá embaixo faço a estrebaria com os cavalos. Depois, é a cozinha e embaixo o banheiro. Abaixo do banheiro está o jardim e a sala de armas. Lá fora é a guerra. Agora ponho os guardas sobre a porta do castelo! Agora desenho a árvore da escola, que eles coroaram como ao rei.

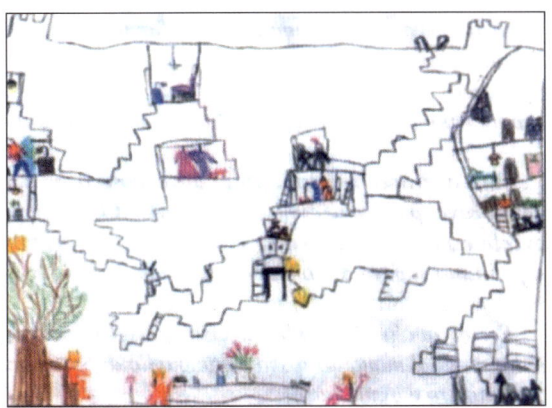

Que emoção experimentou fazendo este desenho: "Da concentração ao prazer"

Aqui estão o príncipe e a princesa sentados à mesa, comendo. A princesa veste o seu vestido mais bonito! (10c)

E o menino prossegue dizendo:

Na próxima vez, desenho o gato que reencontra o cervo. Depois desenho o gato, que diz ao cervo que o leva a conhecer as duas crianças (os seus donos). Depois do último encontro, desenho as crianças que dão comida ao cervo, e depois acaba.

11 – O GATO QUE REENCONTRA O CERVO E FESTEJA COM SEUS PAIS

O pai está sentado porque está cansado, porque procurou pelo gatinho o dia inteiro. O mais feliz é o cervo, porque não sabia ter um amigo como o gato! Depois voltam todos para casa...

Segue-se um desenho livre do menino, com o título:

Emoção experimentada neste desenho:
"Alegria"

11b – O REGRESSO PARA CASA

Esta é casa das crianças: este é o menino, esta a irmã, depois aqui está a mamãe que dá a mão ao menino, e aqui o papai que dá a mão à irmãzinha.

Emoção experimentada ao fazer o desenho:
emoção de alegria.

Para concluir a história, propomos ao menino um tema de viagem, para deixá-lo com a imagem de um percurso que continua, agora que foi ativado. Desenha:

12 – O PRÍNCIPE QUE SAI DO CASTELO E GALOPA MONTADO EM SEU CAVALO

Como o cavalo corre muito veloz, agora se via pouco o castelo. O príncipe vai à cidade para dizer coisas e encontrar os seus amigos.

Emoção experimentada neste desenho: "Alegria"

13 – DESENHA A TUA FAMÍLIA ENQUANTO CADA UM FAZ ALGUMA COISA

Para verificar a situação relacional, agora que nos mostrou ter reencontrado sua família. E o menino nos apresenta uma grande família, com muitas pessoas queridas.

Aqui está a tia, uma tia que está grávida, a mamãe, minha irmã, meu primo, eu, a menina que ainda irá nascer, meu tio, o papai, depois as avós, os dois avôs e outro tio.

A este desenho, segue-se um último desenho livre, como se devesse ainda sistematizar alguém/alguma coisa, e o intitula:

Emoção experimentada neste desenho: "Alegria"

14 – SUPERMAN QUE COMBATE CONTRA UM MONSTRO

Superman luta contra um monstro que destruiu todos os arra-nha-céus da cidade. Pegou um carro na mão. Veem-se todos os ossos, o cérebro e o interior. Superman, porém, é mais forte e consegue vencê-lo!

E assim acabou a nossa história!

Emoção experimentada neste desenho:
"Concentração"

O que vimos?

Era uma vez...

um menino que tinha decidido ferir a professora e mortificar suas partes mais verdadeiras e primitivas, tinha decidido matar a alegria.

E depois...

é convidado a pintar a dor e procurar as cores: nas árvores, no bosque, nos animais e no castelo, no dia e na noite, na iniciativa de uma viagem que, a partir de certo momento, ele mesmo conduz, pondo-nos no papel de observadores, atentos às suas iniciativas e sempre mais curiosos por suas soluções.

E no final...

é como se o menino reencontrasse o contato com seu Eu selvagem e criativo, por meio da alegria do explorar e do procurar, para poder encontrar os pais que ele havia perdido e reconhecer a irmã em seu verdadeiro papel. E assim permite encontrar todos os quatro personagens, nas vestes dos animais que se olham sobre um tapete mágico, e nas vestes das pessoas que próximas de casa se tomam pela mão, debaixo de um céu cheio de estrelas que o deverão guiar para sempre, na direção do futuro.

O final da história

Esta é uma história de adoção, assim como nós a tínhamos conhecido...

Começa com um menino que tinha feito uma longa viagem, para chegar, com a irmã, a encontrar finalmente uma casa e uma família.

Mas é como se tivesse levado consigo também rancores e medos, que dispara com palavras como se fossem pistolas.

Como liberar-se disso?

Sobre duas folhas brancas e num tempo bem programado, aceita nossa proposta de fazer *sua* viagem ao bosque, o lugar mágico da autorrealização que será completada, e ali se encontrará com seus monstros, encontrar-se-á com suas alegrias.

Ele também encontrará os ritmos da natureza: começa com a ameaçadora obscuridade da noite, onde se celebra a passagem da incerteza para o nascimento, para continuar com os primeiros alvores da aurora, para ver que existem boas possibilidades de sucesso em sua empresa, até chegar ao calor do dia e à quietude do pôr-do-sol, que recolhe as conquistas da jornada.

E pode encontrar Superman, o herói bom que existe dentro dele, que venceu o herói malvado, que com objetos e palavras assustava todos os que se ocupavam dele. Tommy viajou e encontrou o seu animal, sua árvore, seu sol, seu castelo e o príncipe, que com seu cavalo veloz vai agora à cidade, ao encontro da cultura, dentro do amor de sua família.

Depois de tantas aventuras, Tommy encontrou quem deseja ser? Ele encontrou diversos papéis: agora é um irmão, um filho, um primo, um neto, um amigo, um escolar... pronto a encontrar e festejar quem quer o seu bem.

Pronto a fazer outras viagens, sem mais sofrer de enjoo quando sai no carro com seus familiares, pronto a depor as tesouras que tinha na mochila e as raivas que tinha na barriga, para ir colorir os espaços que eram brancos e narrar pensamentos que eram mudos.

Pronto a voltar para casa e deixar-se afagar, e voltar para a sala de aula e deixar-se aceitar.

O que nos ensina esta história?

É uma história que ensina a todos nós, como nos indicam os animais, que não podemos esquecer nem trair nossas origens. A concepção aconteceu ali, e também o nascimento, no ponto mais escondido e íntimo da casa, ou da floresta, e é aquele lugar que saímos a procurar, a habitar e despertar, por toda a vida, nas experiências de intimidade e de amor.

A história de Tommy vista pela psicóloga-pintora

Começara com:

...Mas desta vez o gatinho deve cavá-la sozinho... E agora o gato se esconde sobre a árvore e, quando chega a águia, ele mostra as unhas e faz como se fosse comer as patas da águia! Agora,

a águia assustada voa embora... (a) E a terapeuta-pintora lhe propõe um quadrinho apropriado para amplificar os símbolos do menino. (aa)

Tinha continuado com:

Lá fora é a guerra. Agora ponho os guardas na porta do castelo... agora desenho a árvore da escola em que puseram a coroa... A princesa usava seu vestido

mais bonito. (b) E a terapeuta lhe propõe outro quadrinho, com os símbolos que o garoto evoca em sua história. (bb)

E concluiu com:

O príncipe vai à cidade para dizer coisas e encontrar os seus amigos. O príncipe sorri, está feliz! (c) E a terapeuta torna a propor e destaca o movimento do cavaleiro que, com seu cavalo, voa para pôr em ligação a árvore e o bosque que deixou com a casa e a escola, que deverá reencontrar na cidade. (cc)

CAPÍTULO 10

Mais cinco histórias à procura da própria casa

**Apresentação, em síntese,
das passagens mais emocionantes destas cinco histórias**

A nossa casa é um ninho no mundo

Frequentemente nos desenhos de crianças a representação da própria casa é feita por um ninho ou uma cabana.

O rato em seu buraco, o coelho em sua toca, o passarinho em seu ninho, a vaca na estalagem devem estar felizes como nós ficamos em nossa casa.

Por isto, podemos imaginar que o estar bem está ligado à dimensão do refúgio. A imagem do ninho e a imagem da casa se assemelham.

Van Gogh, pintor de muitos ninhos e cabanas, escreve a seu irmão Théo: "a cabana de teto de palha me fez pensar no ninho de um pequeno pássaro".

O ninho deste pequeno pássaro de certo é uma cabana, porque é um ninho coberto, um ninho redondo, um ninho com sombra, assim construído para não deixar entrar água.

Assim, contemplando um ninho, chegamos à origem da confiança no mundo. Construiria um pássaro seu próprio ninho, se não possuísse o instinto de confiança no mundo?

Essa confiança no mundo nós iremos reencontrar na procura da própria casa dessas crianças. Nossa casa é um ninho no mundo.

Estas imagens dos ninhos e dos filhotes pedem às crianças que sejam todas pequenas. E nós as fazemos desenhar ninhos e filhotes, pássaros em voo e pássaros nos ninhos, animais nas tocas e fora delas, para reencontrar o prazer do refúgio, para degustar o prazer da liberdade.

E para fazer reencontrar o prazer se localizar em um ângulo desta casa.

O que significa localizar-se? Significa habitar com confiança e profundidade.

Então, andemos a ver ninhos e corpos reencontrados, isto é, repensados como bons, como possíveis, porque estão visíveis.

Casas reconstruídas porque, antes de tudo, foram desenhadas, sonhadas e imaginadas, e assim tornam-se visíveis na folha de papel, com o seu traçado e sua forma, prontas para serem modificadas, personalizadas e embelezadas.

Casas e corpos que ganham forma e luz, contornos mais claros e interiores mais cheios, todos nascidos de um gesto livre da mão, de cores escolhidas, de uma emoção despertada. Uma linha, um rabisco, um movimento lento e sinuoso ou apenas enraivecido e forte como um urro, tantos modos para evocar e revelar sensações, memórias, emoções, sugestões. Breves viagens fantásticas nas quais o desenho é um pretexto, ocasião de prazer, de reflexões, momento de relações íntimas consigo mesmo e com o próprio interlocutor externo: com suas joias, que deverão ser encontradas e reencontradas.

Ainda histórias à procura da intimidade da casa e da imensidade do mundo, com emoções de desejos, de sonho sem limite que se torna encontro de amor dentro de famílias e classes dessas crianças.

Cinco histórias ainda à procura da própria casa

Ugo, Gilda, Lorenzo, Bruno, Susanna

A história de Ugo

Apresentação da história desde o início

Ugo é um menino de quatro anos que frequenta a escola maternal. A professora está preocupada devido a seu comportamento: "mostra desagrado em participar das atividades, brinca mais frequentemente com as meninas e briga com os meninos, dificilmente se relaciona com os outros, não participa das propostas, em particular nas atividades de desenho, demonstra reduzida autoestima".

A história começa...

com Ugo, o menino invisível que não se fazia ver, mas apenas sentir com os punhos e chutes nos companheiros, e depois, de volta à toca, escondendo-se de um mundo que via como ameaçador.

A história continua...

com a chegada de Grazia, a estudante que o percebe. Ela possuía uma aparência especial e com ela e o grupo dos estudantes partimos para uma viagem que vê reunidos Ugo e seus companheiros.

Juntos, buscando "provas" a superar e a serem superadas para chegar à meta.

A história acaba...

com Ugo que, nesta viagem fantástica, encontrará suas qualidades para levar para casa e as cores com as quais preencher um corpo que antes parecia invisível.

Oito etapas para identificar as próprias cores e as próprias formas a serem levadas consigo e reutilizadas em aula para fazer-se ver.

Apresentação da história no final do percurso

A professora relata: "O menino agora parece muito mais tranquilo ao desenhar, pois tem menos bloqueios e temores, a rigor agora quer mostrar o seu desenho a todas as crianças; antes, ou não queria desenhar ou ainda não queria mostrá-los; agora parece excitado ao fazer os desenhos e nos deixar vê-los.

Parece mais seguro de si, tanto na relação com os companheiros quanto ao se divertir nas atividades pictóricas.

Observando os desenhos, observa-se claramente a mudança e percebemos quanto estava nítido o bloqueio expressivo e quanto está liberado atualmente. E com o movimento dos gestos agradáveis e dos temas escolhidos, pôde retomar o seu crescimento.

O que fizemos?

Demos ao menino folhas brancas e cores, e pouco a pouco o branco, a potencialidade e a invisibilidade, encheram-se de cores e de formas, de contornos e de espaços sempre mais precisos a serem ocupados, de letras que se tornam números, como para mostrar uma urgência e uma capacidade simbólica elevada. O tema dominante que escolhemos e propusemos foi o tema da raiva, para externizá-la de modo simbólico, para transformar a raiva praticada, expressa com os punhos e os chutes. E assim, com os temas da raiva, fizemos-lhe a proposta de canalizar aquela energia para transformá-la em força criativa. Ele atendeu, como se não esperasse por outra coisa. E pouco a pouco, nasceu um corpo inteiramente inclinado, como se tivesse sido disparado para fora de onde estivesse (desenho 5), um corpo que se tornará objeto de relação (desenho 8) e, depois, passará a ser orgulho de existir (desenho 9); esta é a imagem que nos entrega cheia de cores, no centro da folha e no centro do mundo, com a terra debaixo dos pés e o céu acima da cabeça, e um sol pleno que parece o seu guia.

Um percurso simbólico que reflete o comportamento na sala de aula, com um menino feliz ao desenhar e orgulhoso de seus desenhos, que mostra a toda a classe. Uma viagem que parte da invisibilidade e termina com o orgulho de ser visível e admirado.

A história ganha cores

1 – DESENHO LIVRE A LÁPIS.
Ugo nos mostra uma figura fechada não muito definível, com traço leve, quase ilegível, e com a ocupação da folha muito parcial. Como se mostrasse um personagem um pouco "à margem"...

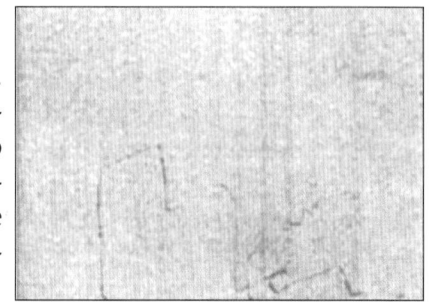

2 – DESENHO LIVRE EM CORES.

Aqui Ugo ocupa todo o espaço, ainda que com formas e modalidades não decifráveis: usa os pontinhos, as figuras cheias e as figuras em movimento: como se estivesse em busca de uma modalidade expressiva satisfatória. O desenho parece algo vivaz e festivo. Damos-lhe um primeiro tema-mensagem para reordenar e ocupar melhor o espaço e para estimular o crescimento.

3 – UM CAMPO

Objetivo: estimular o crescimento, a dimensão vertical e o uso da dimensão horizontal.

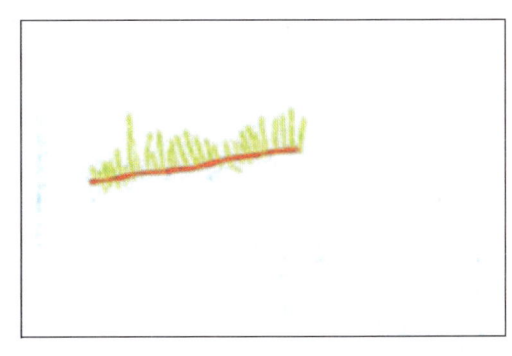

Resposta: a vegetação é desenhada respeitando a horizontalidade e a verticalidade; espaço e tempo interiormente claros e estruturados. Ainda é grande o vazio que exprime o espaço não desenhado da folha; para ajudá-lo a perceber-se e expandir-se, pedimos-lhe que faça:

4 – UM DESENHO LIVRE COM O AZUL-ESCURO E O VERMELHO

Objetivo: estimular as potencialidades (azul) e as capacidades (vermelho).

Resposta: é como se Ugo percebesse, no interior de si mesmo, capacidades, potencialidades, fechadas dentro de uma gaiola com pontas, isto é, carregada de agressividade.

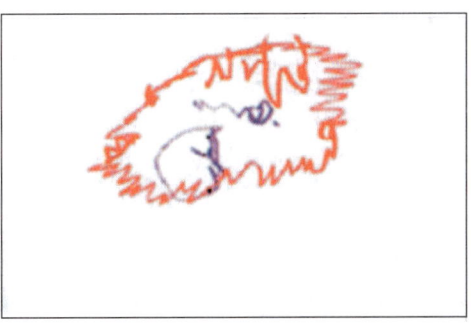

Para ajudá-lo a *nascer* ou então a *sair*, sugerimos-lhe temas que favoreçam a expressão da agressividade:

5 – DESENHE ALGUMA COISA QUE DEIXA VOCÊ COM RAIVA

Objetivo: ajudá-lo a não conter, mas deixar a raiva sair.

Responde com todo o corpo, como se estivesse se encontrando ou quisesse mostrar que não é mais a personagem

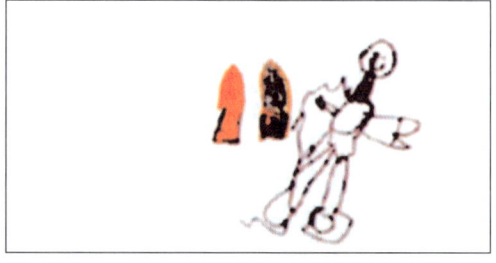

invisível de antes. Além disso, desenha duas casinhas, ao longe, completamente fechadas. Ele se representa fora de casa. A figura parece estática e optamos por lhe propor temas de movimento:

6 – UMA CORRIDA DE AUTOMÓVEIS

Objetivo: pô-lo em contato com a dinâmica do movimento veloz e intenso.

Resposta: é como se o movimento tivesse liberado a expressão da escrita: parece uma máquina falante. Ugo demonstra grande capacidade de se expressar com as letras e, por isso, com os símbolos. Para continuar sobre este tema da livre expressão, indicamos que faça:

7 – UM VULCÃO

Objetivo: liberar a expressividade.

Resposta: o vulcão está fechado, mas cheio. O menino parece ter liberado a vontade de escrever e, assim, a capacidade simbólica: explode com uma série de números!

Para prosseguir nessa direção e favorecer sua livre expressão pelo corpo em movimento, pedimos-lhe que desenhe:

8 – UMA LUTA DE BOXE

Objetivo: estimular a dinâmica da relação além do movimento.

A resposta parece boa: os dois meninos estão vestidos com as mesmas cores, como a mostrar o *encontro*, mas diferençados no uso, como a mostrar o *desencontro*. Agora também parece boa a imagem do *self* corpóreo.

9 – CRIANÇAS QUE ATIRAM PEDRAS CONTRA UM MURO

Objetivo: verificar a dinâmica da raiva por meio deste jogo.

Resposta: é como se já tivesse acontecido o nascimento: aparece um menino orgulhoso de si mesmo, no centro da folha, cheios de cores, com boa percepção interna de si mesmo e com duas grandes mãos: a capacidade de "fazer".

Em relação ao anterior, o desenho é muito cuidado e claro. As formas são bem nítidas e estruturadas.

Pela primeira vez, aparece também o céu, como se Ugo agora percebesse também um futuro, além de um presente, a concretude: desenha-se com os pés na terra. Também o sol indica energia e capacidade de brilhar. Aqui termina o percurso.

A história de Gilda

Apresentação da história

Gilda é uma menina de nove anos que vivia com sua mãe e visitava também o pai, que morava em outra casa.

Com frequência, a menina se queixava de forte dor de cabeça, desde quando pequena, exatamente como sua mãe. Tanto a menina quanto a mãe eram acompanhadas pelo mesmo neurologista, tomavam as mesmas pílulas, faziam as mesmas consultas, pareciam ambas destinadas ao papel de eternas pacientes.

Os exames clínicos excluíam problemas de ordem orgânica.

A mãe estava sob cuidados da Psicoterapeuta que frequentava o Curso "O que eu vejo em um (de)senho?", e aceita a proposta de ajudar sua menina a se conhecer e se curar por meio do desenho. A mãe terá o papel de mediadora, recebendo da terapeuta as indicações com os dez temas a serem propostos à filha, e a cada encontro levará à terapeuta os desenhos da menina. O grupo de trabalho os observa e irá apresentar, a cada vez, uma nova proposta. Um verdadeiro trabalho de equipe, no qual todas as pessoas que estão em volta da menina, e ela mesma, são ativos no próprio papel de curador-curadora.

A história começa...

com uma menina que, assim como sua mãe, desde pequena sofria de forte dor de cabeça, que a faziam ficar com as feições inteiramente vermelhas. E a obrigavam a deixar a escola, porque precisava ir para casa e esconder-se debaixo das cobertas, de tanto frio que sentia. Quando estava em casa, pensava em seus amigos que se divertiam na escola; quando estava na escola, pensava em sua mãe, sozinha em casa, e desejava fazer-lhe companhia; é como se estivesse sempre dividida em duas, e jamais encontrasse a paz.

A história continua...

com um encontro especial. Um dia, sua mãe encontrou uma terapeuta que gostava de usar as cores para pintar as árvores metade brancas e metade pretas, e o calor do sol para aquecer os corações resfriados.

E Gilda aceitou com alegria a proposta da mãe, e começou a procurar a sua história com suas formas e suas cores, e a encontrar seus símbolos e sua rica fantasia.

A história acaba...

com Gilda que parece ter encontrado a sua temperatura, e depois de ter atravessado rios e mares, e ter conhecido as diferentes estações, houvesse aprendido a distribuir melhor o calor de seu corpo, sem ter mais a cabeça que explode de calor e o corpo que morre de frio. E como uma florzinha, viveu feliz e contente por ter encontrado uma bela ciranda com seus amigos floridos, todos vestidos de festa, com as cores da primavera!

Não acrescento explicações ou comentários, já que me parecem muito eloquentes os desenhos e as palavras da menina, que nos convida a mergulhar em sua temperatura e em sua atmosfera, quase de olhos fechados e em silêncio.

Eis a história colorida de Gilda

1 – DESENHO LIVRE A LÁPIS

Eu desenhei uma árvore porque me dá a ideia de frio e, naturalmente, porque naquele momento eu sentia frio.

2 – DESENHO LIVRE A CORES

Desenhei um ursinho branco porque neste momento estou cansada e tenho vontade de ganhar cafuné.

"Guardando il disegno ho notato che l'inverno è più realistico dell'estate"

3 – DESENHA O INVERNO E O VERÃO NA MESMA FOLHA

Olhando o desenho, notei que para mim o inverno é mais real que o verão. O desenho não me dá nenhuma sensação.

4 – DESENHA UM LAGO NO MEIO DE UMA CAMPINA

Quando fiz este desenho, estava pensando nas férias no barco, quando pescava.

5 – DESENHA UMA FONTE COM A ÁGUA QUE VAI DE BAIXO PARA O ALTO

Dentro da água da fonte, ela escreve uma canção com o título "O gato professor". Um gato chamado Valentino queria ensinar inglês a um camundongo. Preparou a gramática e o queijo, na ratoeira, e se pôs a esperar cantando e tornando a cantar. O camundongo corre apressadamente! Quem te espera é a língua inglesa...

O camundongo chia e responde assim: "Não posso vir, palavra de honra, a língua me agrada, mas não o professor!"

Quando fiz este desenho, estava cheia de felicidade. (Nota interessante: a mãe é uma professora de inglês!)

6 – DESENHA UMA CACHOEIRA

Quando fiz este desenho, eu pensava em meu hamster.

7 – DESENHA UMA FLOR QUE NASCE, CRESCE E DESABROCHA

Quando fiz este desenho, eu sentia frio.

8 – DESENHA UMA CIRANDA

Quando fiz este desenho, pensava como é colorida a natureza.

E no final da história...

Depois de ter revisitado suas estações, suas temperaturas e suas águas, Gilda pôde deixar o fardo de quem carrega o peso dos outros e conhecer a leveza de quem pode ocupar-se apenas das próprias cargas.

Ela pôde reencontrar seus territórios e seus brinquedos de criança, sua força para crescer e ver as cores da natureza, que tomam forma nestas flores especialíssimas (desenho 8), unidas entre si com as mãozinhas abertas ao contato com as colegas, em uma ciranda sem fim.

Agora, dentro desta forma, é como se pudesse pensar em seus brinquedos, sem mais ocupar-se das experiências amorosas de sua mãe. É como se houvesse escolhido, e não estivesse mais dividida ao meio entre dois modelos, o seu eu-menina e sua mãe.

Doravante, estava segura de ter o bem de sua mãe e o seu próprio calor, mesmo com a distância que se criara entre as duas.

Gilda pôde suportar

outras dores e também desilusões em sua família, sem com isso deixar-se abalar por elas, conseguindo proteger-se melhor e defender sua integridade mente-corpo. A partir de então, mais saudável, não teve mais aquela dor de cabeça que a prendia em casa por vários dias, e agora, mais preparada psíquica e fisicamente, pode correr para a adolescência.

A história de Lorenzo

Apresentação da história

Lorenzo é um menino de seis anos, que vivia em uma comunidade protegida, fora de sua casa, devido à suspeita de abuso cometido pelo pai.

Lorenzo assim aparece à *Psicoterapeuta* que o tem sob seus cuidados: tímido, muitas vezes agitado, e não perde oportunidade de se machucar. Não agressivo, mas muitas vezes objeto da agressividade de outrem. Gosta de se esconder e de ser encontrado.

Os educadores da Comunidade notaram "uma intensificação de seu sofrimento após o fim da perícia pelo tribunal e a audiência do juiz". Em particular, notaram dificuldade para dormir, pois "demora a adormecer, tem sono agitado e muitas vezes acorda à noite, quando procura a proteção e a segurança do adulto"; e dificuldade em se alimentar. Chora com frequência e manifesta constantes pedidos de ajuda em quase todas as atividades diárias.

Seus professores dizem que, na escola, não conseguiu obter os resultados prefixados, destacam uma "grande perda de atenção, necessidade constante de movimento, frequentes alterações de humor, falta de autonomia, grande insegurança que inclui desânimo em face das mínimas dificuldades e contínua procura de atenção da parte do professor".

O menino é convidado pela Psicoterapeuta que o acompanha a desenhar a sua história. Ela frequenta o Curso "O que eu vejo em um desenho?". Pouco a pouco, por meio das cores, consegue conquistar a confiança do menino, até se tornar uma figura muito positiva e um ponto de referência para ele, recuperando também a confiança em si mesmo e nas pessoas que lhe querem bem, mediante o despertar de suas imagens e de suas capacidades únicas.

Começa a história...

com um menino que havia perdido a casa, os pais, o sono, a vontade de aprender e a confiança no mundo...

A história continua...

com um convite, com lápis e cores, a reconstruir sua casa, que havia desmoronado. Como um verdadeiro arquiteto, ele sai à procura no mundo das ideias e dos materiais, e com a ajuda de uma psicoterapeuta-diretora de trabalhos e de um grupo de especialistas, conseguirá sair das ruínas e entrar no interior de uma nova casa.

A história acaba...
com Lorenzo nos apresentando sua nova casa. Toda ela para ser descoberta, sem distrações... Mas esta é uma nova história...

E com a casa, Lorenzo reencontra o afeto e a vontade de abraçar, os amigos e a vontade de brincar, a cama e a vontade de dormir, os livros e a vontade de aprender, os sonhos e a vontade de esperar.

E depois, a história recomeça... após dois anos...

A história de Lorenzo ganha cores

1 – DESENHO LIVRE A LÁPIS. Com o primeiro desenho, opta por representar *uma* casa. É visível o esforço de Lorenzo para realizá-lo. Apaga-a muitas e muitas vezes, depois *concentra-se no telhado*, ainda mais difícil de representar. Ali desenha uma cruz, que depois apaga, dizendo ter-se enganado. Volta de novo ao telhado e ali permanece ainda por muito tempo, apagando-o e refazendo-o; e ele diz: "o telhado não se segura"; enfim, decide que assim está bem. A casa está

no centro da folha, falta a parte de baixo, a sustentação do terreno e a porta, parece uma casa suspensa no vazio, as janelas parecem trancadas, como a expressar a ideia de clausura [fechamento] e de sentir-se engaiolado por dentro ou fechado do lado de fora.

É como se o menino, com a escolha do tema da *casa*, logo nos mostrasse a sua *necessidade* e, com a opção de construir com dificuldade o *telhado*, prontamente nos mostrasse o seu *sonho*: ser protegido.

2 – DESENHO LIVRE EM CORES apresenta-nos seu jardim: é muito grande, precisa de duas folhas para fazê-lo, ainda que, por ora, ele nos diga que: "Só uma flor... só nasceu uma flor".

un solo fiore... solo uno è nato

Esta flor dá a todos nós um grande alívio, e já começa a curar a dor que esta história suscita.

Façamos nosso percurso com Lorenzo, vamos visitar dez temas que não mostramos aqui, por exigência de síntese, mas relatamos as fases mais significativas de um itinerário que ele dá continuidade mesmo depois do final do ciclo. Para confirmação da confiança em suas imagens e em suas soluções, que ele vai encontrando, e da confiança no relacionamento com sua terapeuta, que ele escolheu como confidente privilegiada com quem partilhar suas conquistas.

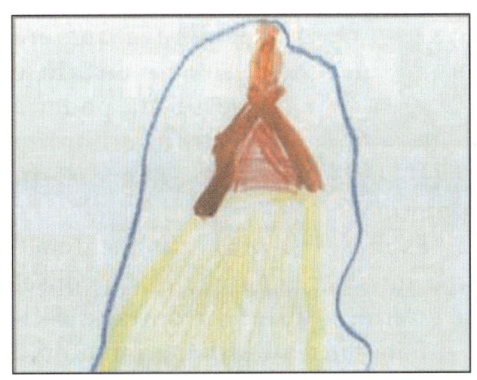

3 – O ÚLTIMO DESENHO LIVRE nos mostra uma casa mágica. E Lorenzo nos diz que foi reformada! O telhado é de chocolate, o amarelo é verdadeira magia que faz um resplendor, e todos estão bem na vida. Em cima, está um biscoito que é bom e venenoso: bom se alguém o come, e venenoso se não o comem.

4 – APÓS UM ANO, UM DESENHO LIVRE

Ele quer uma folha muito grande e diz: Faço a experiência de uma casa.

Segura o lápis branco e, com traço decidido e seguro, desenha uma casa, o sol, duas nuvens e uma árvore. Depois, com a aquarela azul, reforça o branco e, como por magia, aparece o desenho! E diz: É uma casa fantasma! Fantasma. Mas não se vê tanto assim. Se você se distrai um pouquinho, não vê mais onde está a linha.

5 – DOIS ANOS APÓS O FINAL DO PERCURSO: DESENHO LIVRE

Lorenzo, oito anos, começou, com uma segunda história, a explorar o *mundo exterior*, como se estivesse à procura de sua liberdade! Propõe à terapeuta o desenho e a narrativa de sua história atualizada. Olha o seu desenho e conta.

Piu-piu, o pintinho, está quase se afogando, porque é pequenino e não sabe nadar. A mamãe está vindo para salvá-lo, mas naquele momento, abre uma asa e a outra: ele não se lembrava que era seu aniversário e nesse dia poderia voar, mas Piu-piu experimentou voar e, na primeira vez, não conseguiu.

A mamãe então lhe disse: "Espera, Piu-piu, calma, calma!"

Ele não ouviu, experimentou uma segunda vez e não conseguiu. Experimentou a terceira, a quarta, a quinta, a sexta, a sétima, a oitava, a nona e a décima, e não conseguiu! Experimentou a décima-primeira e então conseguiu!

E a mamãe explodiu de alegria: explosão de orgulho, porque seu filho tinha aprendido a voar.

Quando chegou em casa, voando, Piu-piu encontrou todos os seus amigos passarinhos; eram trinta e dois: Alberto, Francesco T., Maria, Alice, Paolo, Francesco M. Giuseppe, Rosa, Giorgia, Monica, Filippo...

E vai listando, um a um, os seus colegas de aula e suas professoras!

E aqui encontramos um desenho com que ele nos fala e, com grande orgulho, passa a ilustrar uma montanha dos Alpes, da qual ele faz descer um rio que acolhe o pintainho Piu-piu, e de onde faz partir o *nascimento* e a *transformação* de vida, com os ares e o voo do passarinho, em companhia, agora, de seus amigos!

Ao observá-lo com o olho que capta a imagem em seu conjunto, parece de novo uma casa-cabana, bem arrumada, com um traço seguro e cores bem escolhidas, com um interior que abriga a palavra "aprendizagem" e um telhado que acolhe o pintinho, agora pronto a alçar o voo e habitar a imensidão dos céus!

Esta é a narrativa com que Lorenzo nos ilustra o desenho e sua história!

O que vimos?

Com o *primeiro ciclo* de dez encontros, vimos um menino desesperado que reconquista a confiança no adulto por meio de *bons encontros* com a terapeuta, que se apresenta com folhas brancas e cores. Ele é atraído por este jogo e, pouco a pouco, sai debaixo da cama, que se tornara o seu refúgio mais seguro, e começa a esperar por ela com alegria, uma vez por semana, no dia e hora marcados, até chegar a correr ao encontro dela. A cada vez, mostra-se curioso por conhecer os novos temas que ela irá propor-lhe e aceita alguns deles com grande entusiasmo, enquanto recusa outros temas com extrema firmeza. Vemos um menino que retoma contato consigo mesmo e suas imagens, que compõem, juntas, a sua história.

Depois de dois meses do final do percurso, Lorenzo demonstra mais confiança nas relações com os adultos que o cercam: os educadores da comunidade e suas professoras.

Após um ano do final do percurso, vemos outras *transformações* objetivas e subjetivas. Ele encontrou uma nova família, na qual vive e com a qual estabeleceu relações significativas, mostrando-se gradualmente mais seguro e orgulhoso de si mesmo. O irmão adotivo, dois anos mais velho, é agora companheiro de jogos, de brigas e de conversas, e também uma figura a imitar como modelo.

Na escola, obteve resultados bons e até ótimos, do ponto de vista da aprendizagem! E tem boas relações no contato com os colegas e companheiros de classe. E as professoras percebem também melhoras em seu comportamento, que agora se mostra com menos vitimismo e mais autonomia. Passado certo tempo, considerou-se oportuno permitir que as duas famílias se conhecessem. E se Lorenzo, de início, parecia preocupado com esses encontros, talvez por medo de perder a família adotiva, ou de trair e desiludir sua mamãe, na prática, depois, parece ter, pouco a pouco, adquirido novo equilíbrio e encontrado novas seguranças afetivas. E no final, apresentou-se à terapeuta com um desenho espontâneo, *a sua nova casa:* **a Casa Fantasma**! "A casa existe, mas é preciso ter confiança e concentrar-se... e descobri-la, sem se distrair..." Como se exprimisse o cansaço e a tensão que Lorenzo enfrentou, nesse período intenso de experiências.

Agora, que parece ter encontrado a *intimidade* em sua Casa Fantasma, pode ficar ali, um pouco, divertindo-se, para depois partir e explorar novos territórios e atingir novas metas.

Após dois anos...

ele nos presenteia um desenho com o qual, somente depois de onze longas tentativas, consegue liberar-se do pequeno pintainho que corria o risco de se afogar, e consegue alçar voo no corpo de um passarinho, e enfim o faz! E se liberta nos ares! Como um verdadeiro *Fernão Capelo Gaivota, à procura de sua imensidade*! E encontra no voo todos os seus amigos!

É como se o menino tivesse saído das águas primordiais para *nascer* e avançar em um mundo aéreo, onde usa as asas, as habilidades e a tenacidade: todos estes, dotes que Lorenzo possuía e, agora, ativos e despertos, ele pode mostrar, com a sabedoria do poeta, que consegue pôr em rimas até as mais complexas experiências humanas.

E o projeto terapêutico era exatamente este: levá-lo em viagem, com desenhos, histórias e palavras, em busca de seu sonho. Mas é um projeto que, agora, ele mesmo conduz, com a terapeuta fazendo o papel de controlador, capaz de acolher seus novos entusiasmos, alegrar-se com ele e valorizá-los, para que Lorenzo possa ir sempre mais *além*!

Nesse período, também a situação objetiva foi curada e evoluiu. Atualmente, o menino retomou, sempre com maior frequência, os contatos com a mãe natural, que tem um novo companheiro, e até começou a morar de novo com ela, com o objetivo de uma reunião definitiva. E esse é o início de uma outra história!

O que nos ensina esta história?

Para mim, ensinou confiança. Confiança na felicidade, se encontrarmos pessoas nas quais confiar. Nós, terapeutas, temos o privilégio de ser aquelas pessoas que acolhem as histórias, mesmo as mais desesperadas, para abraçá-las e, em consequência, transformá-las. E no final, tanto nós como elas nos tornamos mais felizes!

A história de Bruno

Apresentação da história

Bruno é um menino de quatro anos, que vivia com os pais e dois irmãos, um de onze anos e outro de vinte e dois. Terminado o primeiro ano da escola maternal, começara no verão a fazer xixi na calça durante o dia, e daí em diante, em períodos alternados, continuava.

Ao observá-lo, em sua consulta, ele parecia viver em um mundo todo seu, brincando sozinho com seus brinquedos preferidos, e a morder, bater e ofender com palavrões qualquer um que se aproximasse dele ou tivesse *olhado* os *seus* brinquedos.

Corria, rolava no chão, gritava toda vez que os professores o repreendiam ou o convidavam às atividades escolares. Não conseguia comer à mesa com os amigos, porque ele se descontrolava e jogava todos os objetos no chão. As professoras estavam muito preocupadas porque não conseguiam encontrar atitudes e propostas capazes de acalmar o menino, e os pais recusavam qualquer atendimento especializado.

Então...

a professora acolhe com alegria a proposta da estudante de poder estagiar em sua classe, para experimentar a atividade que inclui a utilização do Desenho e dos Símbolos orientados para se comunicar com o menino e ativar a autocura.

E depois...

Bruno é convidado a contar sobre si mesmo, com lápis e cores, e ele concorda, abre-nos a porta, como a refugiar-se em seu espaço protegido; deixa entrar a estudante e inicia um diálogo com ela, e nós com ele.

E no final...

o menino e a turma, a professora, a estudante e todo o grupo dos estudantes, eu, todos nós saímos transformados desta história, que nos envolveu a todos como atores e como espectadores, todos conquistados pela maravilha que só a criatividade pode suscitar.

Começa a história...

com um menino de quatro anos que, com palavrões, punhos e chutes, brincava de expulsar a todos, manter todos a distância, mas que, no seu cantinho, completamente só e triste com seus brinquedos, brincava de perder o controle de si mesmo, como se não pudesse governar o seu reino! Fazia xixi nas calças, como a desempenhar o papel do perdedor.

A história continua...

com um grupo de estudantes (Universidade dos Estudos de Bolonha, Faculdade de Ciências da Formação), motivados e sensíveis, em busca dos procedimentos adequados para o envolvimento e a diversão. Idealizamos e propusemos a Bruno um novo jogo, com muitas cores e alguns temas a serem visitados, e ele concordou e nos levou a passear pela folha, em companhia de seu dragão. Todo o trabalho se desenvolve em sua sala de aula, e todas as crianças participam de nossas propostas de dar forma e cores à própria história.

Seus astutos interlocutores entram em contato com ele, reconhecem-no, é o "Dragão Lillo", e a história se transforma: anima-se com o canto, a música e os gestos, e logo estamos em festa.

E a atmosfera de festa, nós o sabemos, é contagiosa, e mesmo os durões se esquecem de terem sido duros e, assim, podem começar a participar. E quem toma parte também é senhor!

A história acaba...

com uma festa, na qual Bruno e seus amigos, os professores e os estudantes, todos passamos a festejar o retorno dos verdadeiros poderes, que acontece com o encontro e a sensação de estar em casa.

A história de Bruno ganha cores e depois se anima

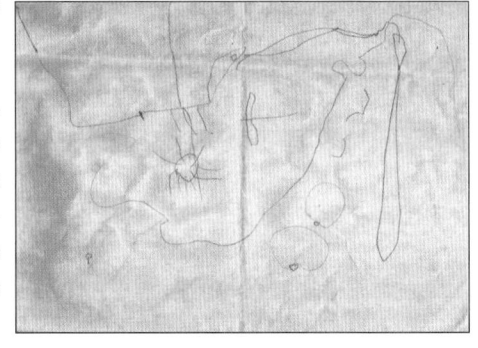

1 – DESENHO LIVRE A LÁPIS. Com este desenho, Bruno nos mostra gestos sobre a folha que parecem dever fechar e conter um sol, que se encontra no centro de sua folha e no centro de nossa atenção.

Como se, para brilhar e aquecer, e possuir todas as suas melhores funções, este sol devesse sair daquele envoltório.

2 – DESENHO LIVRE EM CORES. Com este segundo desenho, Bruno se apresenta, e nos apresenta muitas serpentes que passeiam pela folha, de diversos tamanhos, com a boca bem arreganhada, talvez à procura de sabe-se lá quais vítimas, talvez à procura de sabe-se lá qual história.

3 – UM RIO QUE CORRE NO MEIO DE UMA CAMPINA é a nossa primeira proposta para pôr essa história em movimento e liberar toda a energia possível que, agora, demonstra conter. E ele parece gostar, sobretudo dos temas de água, que parecem acalmá-lo e reorganizá-lo. Aqui, relatamos um deles:

4 – UMA CACHOEIRA E diante dessa proposta, ele convida também a estudante para dentro de suas águas, com uma narrativa que se mostra sempre mais interessante: **Faço uma fileira assim para fazer a cachoeira. É feita de água. Agora faço a terra amarela. Agora faço árvores, porque a cachoeira está sempre em um bosque, onde existem**

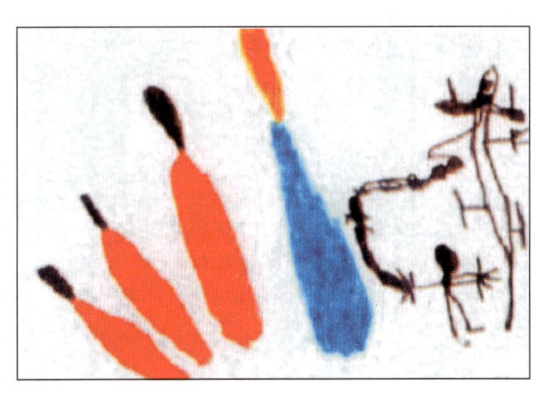

muitas frutas, as uvas. Agora faço as folhas pretas, porque elas são feitas assim. Agora faço um homem que quer matar algum animal na floresta com o fuzil, e aqui dentro está o míssil. Agora eu te explico o que estou fazendo. Este é um dragão no bosque, com os olhos raivosos e também a boca. Tem os dentes agudos, as garras, as mãos. Agora o homem atira nele, mas ele, que é esperto, cospe fogo nele e o queima todo. Então, acabei. Gostas? Eu gostei de desenhar o dragão.

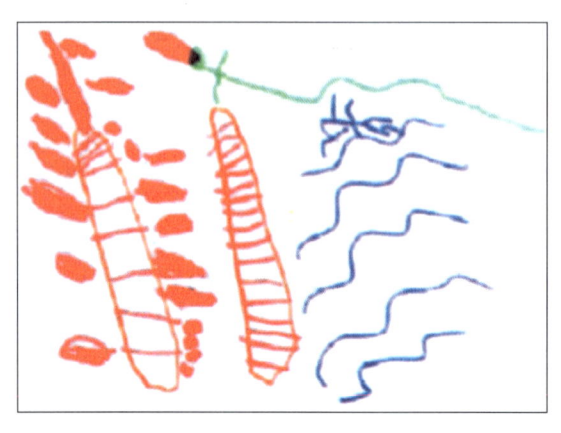

5 – UM VULCÃO APA-GADO E UM VULCÃO ACESO: é o nosso pedido, para permitir ao menino revisitar toda a agressividade que tem no corpo. Ele concorda, e se põe sempre atrás da água e do dragão. Como se esse dragão fosse sua assinatura, com a qual assina todos os seus desenhos.

E no final do percurso dos dez desenhos, pedimos a Bruno e a todas as crianças que façam:

6 – UM DESENHO LIVRE, para ver o *gran finale* que cada um nos propunha. Bruno nos saúda, mas só depois de ter encontrado a *sua* casa! E a descreve assim:

É uma casa com tijolos compridos e a fumaça cinzenta. Depois, há uma longa estrada para voltar à casa. Faço o automóvel com os faróis e com um canhão na frente, que dispara uma bomba sobre a casa. Depois, há uma estrada mais curta. Faço um círculo com as unhas.

No final do percurso, pedimos a todas as crianças que escolhessem três desenhos, sobre os quais cada um devia inventar uma história. Eis aquela que Bruno nos propõe:

Era uma vez umas árvores que estavam todas imobilizadas, estavam todas coladas ao solo. Um homem mau que as havia colado encontrou um dragão e o matou, porque queria tomar-lhe a arma, uma espada longa. O dragão era bom, mas o homem o matou assim mesmo. Depois, o homem mau vai a sua casa e come tudo que encontra na geladeira, e deixa todas as árvores caídas no chão e não as solta mais, e o homem permanece mau para sempre.

Bruno começou a contar a história à estudante como se já a tivesse toda escrita e clara em sua mente. No final da história, pediu aplausos aos amigos. Os amigos se recusaram a aplaudir, porque a história acabava mal. E agora ele a completa:

... Acontece que, no dia seguinte, o homem vai olhar as árvores e vê que as árvores estão soltas. Um homem bom que passava por ali foi quem as soltou. O homem mau teve tanta raiva que depois morreu, e assim o dragão bom estava vivo novamente.

E, no final, os amigos o aplaudem!

A história de Bruno criada, narrada, musicada e representada por um grupo de estudantes

Um grupo de cinco estudantes, motivados e sensíveis, a partir dos desenhos de Bruno cria uma "fábula musical". A história é depois levada ao palco pelos participantes do grupo de estudantes do Laboratório "O que eu vejo em um (de)senho?", e depois é cantada na escola de Bruno. *Para* ele e para sua turma, eles foram cantar, tocar e representar essa fábula que prepararam para ele! Escolheram como protagonista o dragão, já que Bruno o colocava em cada desenho, como sua assinatura. Quando ouve a canção, que obviamente envolve a todas as crianças, Bruno reconhece o *dragão* como *seu*, e demonstra grande felicidade ao sentir-se o primeiro ator de uma festa, e não mais protagonista negativo e provocador.

"Uma fábula musical"

A história do dragão Lillo

"Era uma vez, em um vale encantado, um dragãozinho chamado Lillo. Esse dragãozinho tinha uma característica particular... mas vamos ouvir a história..."

Toda manhã o dragão Lillo
procurava o modo de flamejar.
Não é da boca que lhe sai o fogo,
é das orelhas que sai um pouco.

"Pensem, crianças, o que podia acontecer ao dragãozinho quando, sem ele perceber, saía fogo de suas orelhas! Lembro-me de uma vez que estava jogando bola..."

Chuta a bola o dragão Lillo,
ouve um protesto 'Quem será?'
É seu companheiro que estava no gol
E percebeu sua cabeça em chamas.
Está muito triste o dragão Lillo,
Cuspir fogo ele não sabe fazer.
Busca um remédio o dragão Lillo,
Quer tornar-se um verdadeiro dragão.

"Nem sempre se encontra o remédio sozinho, e muitas vezes assim, de modo imprevisto, encontram-se pessoas mais sábias que nós, que possam dar uma ajuda. Lillo anda, anda, anda..."

Vagueia no bosque o dragão Lillo,
Oh! Que surpresa! A quem ele achou?
O velho dragão da montanha
O viu entristecido e o escutou.

"Lillo explica seu problema e o velho dragão o ajuda, dizendo-lhe..."

Pequena ajuda eu posso te dar
Para depois encontrar a solução.
Tapa as orelhas com os teus dedos
e, depois, com força começa a soprar.
E sopra, sopra, com grande esforço,
alguma fagulha começa a fazer.
E sopra, sopra, com grande esforço,
e de tua boca o fogo saiu.

"Crianças! Lillo conseguiu! Agora, com o fogo que lhe sai da boca pode fazer muitas coisas bonitas, pode acender o fogo, o fogareiro... como os verdadeiros dragões!"

E viva, viva o dragão Lillo,
que agora sorri, não chora mais.
E viva, viva o dragão Lillo,
que agora virou um verdadeiro dragão!

A história do Dragão Lillo tornou-se argumento de tese para um dos estudantes do grupo da "fábula musical", que a musicou e executou com o violão.

Além disso, toda a experiência é facilmente acessível, consultando a página da *web* abaixo indicada, com a ilustração da festa e o projeto completo.

(Um projeto de animação musical realizado em um jardim de infância! http://utenti.lycos.it/ildragolilli/)

E no final da história...

A estudante relata significativas mudanças. "De fato, Bruno aceita de bom grado tudo aquilo que a escolha lhe propõe e que os professores lhe oferecem – teatro, saídas, oficinas, festas, espetáculos, onde ele escuta atentamente, deixando-se envolver; se, porém, a atividade não lhe interessa ou não lhe agrada, ele o diz tranquilamente, acompanha com pouca disposição, esperando as futuras ocasiões de novidade. Também nisso se verificou notável melhora."

Os professores reconhecem grande amadurecimento por parte de Bruno no decorrer do ano escolar; na escola. Não faz mais xixi nas calças, e o elogiam por seu esforço.

A mãe reconhece que, na escola, Bruno está completamente diferente daquilo que é em casa, mas aponta também sua grande dificuldade em enfrentar os ataques de ira de Bruno, e a raiva que ele tem em relação aos pais e ao irmão.

Observando essa mudança, as professoras procuraram continuar a falar do *dragãozinho*, inserindo a história de Bruno nas atividades de continuidade do jardim de infância para a escola elementar, desenvolvidas exatamente sobre o tema do *Dragão Lillo*.

Com várias técnicas gráfico-pictóricas, continuaram a ilustrar a história da canção. Enquanto desenhava, Bruno se concentrava no personagem, falava continuamente de seus feitos, relaxava e, depois, passava a brincar tranquilamente.

O dragão já era um animal amado por ele, conhecido, brincado, e primeiro com o desenho, e depois com sua canção, encontrou-se em uma festa onde o protagonista era exatamente *um* dragão; tudo isso o envolveu muito. Além disso, na festa, ele mesmo teve a possibilidade de ser o *Dragão Lillo*, com o chapeuzinho do dragão que enfrenta tantas provações para aprender a cuspir o fogo, e as professoras viram-no identificar-se totalmente com este personagem.

Passados sete meses, ainda fala daquela festa; quer ouvir de novo a canção que aprendeu de cor, canta-a e dança-a com os mesmos movimentos, junto a seus colegas. Todas as manhãs, iniciam a jornada com a canção do *Dragão Lillo*, pois isso é solicitado por todas as crianças.

É como se estas crianças continuassem a curar e a curar-se com o *Dragão Lillo*.

Agora, é como se também as professoras continuassem a curar Bruno, escolhendo o *seu* animal para apontá-lo como protagonista de uma nova história. Além disso, decidiram promover o *Dragão* e levá-lo também para a escola elementar, para que continue a ajudar Bruno. Da história do *Dragão* inventada e ilustrada por Bruno à história inventada e ilustrada pelos estudantes, e com as crianças cantada e dramatizada, até chegar a uma história que continua com os professores para ser reilustrada, e assim protagonista, com Bruno, de suas vivências pessoais e familiares! Por isso é uma história que ainda continua... que pode curar porque está em movimento. E assim *Drago Lillo* viveu feliz e contente por ser inventado como o novo companheiro de jogos de Bruno e de seus amigos, e de todos nós que o conhecemos!

O que nos ensina esta história?

Que a via dos sentidos e dos símbolos que os estudantes escolheram pôde envolver a criança e curar sintomas como a enurese e o comportamento autista, que traziam sofrimento e intolerâncias profundas no menino, e preocupações e impotências nos professores. Os estudantes utilizaram o dragãozinho como protagonista da *fábula musical*, e o menino logo se envolveu, e depois utilizaram o jogo do não-controle/controle do fogo para fazer frente ao problema do não controle do xixi e dos comportamentos agressivos, e utilizaram também as palavras como símbolos. *"Pequena ajuda eu posso te dar para que encontres a solução."* Essas palavras do "velho dragão da montanha" são a melhor síntese de todos os Cursos que eu proponho, os quais têm, como objetivo primário, o convite à autocura e ao encontro consigo mesmo, capaz de ativar a capacidade de encontrar as próprias soluções.

Como Bateson nos indica, o homem, a sociedade e o ambiente são sistemas autocorretivos; basta ativá-los, por exemplo por meio da arte, para colocá-los em relação entre si e possibilitar imprevisíveis transformações.

A história de Susanna

Apresentação

Susanna é uma menina de seis anos que frequenta o primeiro ano da escola elementar. Vive com o pai, a mãe e a irmã de 14 anos, filha do casamento anterior da mãe, do qual nasceu também um irmão, já maior de idade, que vive com o pai.

A história começa...

com uma menina de seis anos que não suporta ficar sentada na carteira, levanta-se, passeia e não deixa em paz os companheiros; parece não conhecer o senso do perigo, vê-se que ela ameaça e agride física e verbalmente os colegas e adultos; sobe nos móveis e procura escapar da escola, como se não suportasse lugares fechados.

A história continua...

com folhas e cores e uma história para contar: a sua história, para conhecê-la e fazê-la conhecer. Para poder sair das vestes da menina-raivosa e entrar em suas vestes, recitando o seu papel de filha, de estudante, de amiga.

E então...

vemos uma menina que começa a reconhecer as emoções e lhes dar uma cor, uma forma e um nome. E começa a relacionar essas emoções com os eventos da natureza, que também se enraivece ou floresce.

E assim a raiva pode também ser desenhada, e igualmente a felicidade e a alegria, e começam a se interligar os mundos interiores e exteriores, e tudo parece menos ameaçador, tudo parece mais sereno.

A menina vai descobrir com sua professora e estudante as suas dores e suas belezas!

Por meio das cores, do canto, da música e de uma relação brincalhona com a professora, a menina irá adquirir a confiança capaz de exprimir o seu drama.

E guiada pela borboleta de seu primeiro desenho, irá visitar seu quarto e expressar, assim, o drama das enfermidades súbitas do pai. E com essa narrativa, toda feita com símbolos, é como se a menina tivesse podido celebrar o encontro dela consigo mesma e com a professora. E depois essa catarse pode dar início a outra história.

E no final...

Susanna reencontra sua sala de aula, sua carteira e o prazer das atividades escolares. Reencontra também os colegas e se deixa envolver por eles, e às vezes é ela que envolve os outros em atividades lúdicas.

Criou-se uma relação muito intensa e agradável com a educadora, como se finalmente a menina passasse a confiar. Ela adquiriu alguma autonomia básica: uso do banheiro, beber sozinha, e algumas regras.

A primeira etapa do percurso concluiu-se com a abertura de seu coração, com a revelação de sua beleza.

A segunda etapa do percurso abre-se com a menina que, pelas cores se aproximará das letras e das palavras para poder aproximar-se da leitura e da escrita. E quando entra em sala, é ela que dá novas indicações aos companheiros, às professoras e à pedagogia: diz-nos que o *capim é verde* e pede para escrevê-la com o verde, que o *grão é amarelo* e, pois, será escrito com o amarelo, dando a cor certa a cada coisa, fazendo assim um ato de *justiça* em relação ao mundo que tem suas próprias cores!

E, naturalmente, todas as crianças estão muito felizes por escreverem o mundo com as cores certas! E outro jogo novo será aquele de utilizar para a composição das palavras as letras do alfabeto que são, na realidade, asas de borboleta, que nos mostra um curioso fotógrafo que saiu à procura dessa preciosa imagem que a natureza nos oferece, com asas em forma de letras e de números. (Ver A – *O alfabeto das borboletas*. Foto de Kjell Bloch. Sandved.) Essas fotos são recortadas pelas crianças, reproduzidas e utilizadas para compor palavras e frases. Junto às cores de seu arco-íris, Susanna levou para a sala de aula também as cores exatas da natureza e as cores das asas de borboleta.

Susanna pôde externalizar as dores e encontrar as cores, de modo a presenteá-las à turma e mostrá-las a todos aqueles que estão à procura da criatividade e, por isso mesmo, sabem reconhecê-la e apreciá-la.

A história de Susanna ganha cores

1 – DESENHO LIVRE A LÁPIS

A menina se apresenta com uma casa que parece sorrir, com uma porta em forma de lábios e as janelas que parecem olhos abertos. O sol também está sorrindo. Que será que nos quer dizer? Que mensagem nos quer enviar?

2 – DESENHO LIVRE EM CORES

Ela se desenha fora de casa e nos diz: **É uma menina que tem medo de ficar congelada e não tem ninguém. Vai em busca de seus pais.**
E nós com ela, a procurar o caminho e os símbolos adequados para ela chegar aos pais e deixar-se reconhecer como filha, como filha amável. O caminho é difícil, tivemos várias provas disso, e ela rejeita cada uma de nossas propostas.

Até que, com muita atenção, nós recomeçamos a observar o seu primeiro desenho livre e a nos perguntar: o que nos pede esta menina com essa imagem da casa assim curada? E decidimos partir da borboletinha que ela nos apresenta.

3a – PEDIMOS A ELA PARA RECORTAR E
3b – COLORIR SUA BORBOLETINHA

3c – COM A COR AZUL, A BORBOLETINHA VAI ENCONTRAR A MENINA QUE DORME, DENTRO DA CASA. Ela concorda, como se não esperasse por outra coisa, colore sua borboleta que entra no quarto de dormir e

4 – CONTA-NOS COM O GESTO LIVRE DO AZUL-ESCURO os horrores que a borboletinha vê e as violências que sofre a-menina-que-dorme; e, como uma catarse, aquela narrativa imediatamente fará parte de outra história, com uma menina tranquila, esvaziada, repacificada consigo mesma e com o mundo. Suas borboletinhas entrarão depois na sala de aula e, com elas, também ela entra em sala,

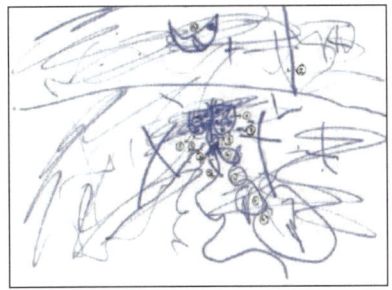

pela primeira vez em sua carteira, para fazer os deveres.

Aqui começa outra história, com a procura de temas e formas precisas, que primeiramente têm o gesto e

5 – AS CORES DO ARCO-ÍRIS, que

depois se enri-

quecem por meio da busca de uma forma de coração – de rosto, que ela irá intitular:

6 – O SORRISO: desenho de um grande coração, um coração feliz, é meu coração feliz, um belo coração com um belo sorriso, este é meu coração, tem um belo sorriso; agora desenhos os sorrisinhos (círculos vermelhos), os cabelos são o arco-íris, olha como é bonito o meu coração! Devo desenhar uma coroa, porque ele merece, o meu coração merece uma coroa...

Prossegue, depois, aperfeiçoando a forma e as cores de seu arco-íris e, pela primeira vez, vai escrever uma palavra, após diversos meses do início do ano escolar; e seu...

7 – UM ARCO-ÍRIS nasce assim com as suas cores e as letras escolhidas em uma sacola e coladas em ordem certa sobre seu arco. E no fim da viagem, depois de ter reencontrado as cores do arco-íris e a riqueza de seus humores, a menina nos propõe uma composição de símbolos e de palavras, como a celebrar com grande alegria a festa do autorreconhecimento: **Será uma festa, mas uma festa verdadeiramente belíssima. Será o desenho mais importante que te darei de presente, ou melhor, será o desenho que levarei para minha mãe e colocarei no meu quarto. Será belíssimo, explodirá o teu coração de alegria. Será muito importante para ti. Esta é a minha flor. Viu só que bonita? Esta é a minha beleza.**

8 – DESENHO LIVRE

E assim a menina, com este último desenho, nos saúda e nos premia! E nos ensina que é possível! Pode-se ir ao encontro do drama, mas somente com os símbolos certos, dentro de uma relação de grande cumplicidade e confiança. E assim Susanna pode libertar-se de um pesadelo, pode finalmente acalmar-se e encontrar a confiança e os prazeres da aprendizagem e das descobertas. Obrigado, Susanna, por nos ter indicado que o caminho do voo, nas asas da tua borboleta, é a única possível para ir além do indizível, a visitar lugares escuros e pavorosos, e depois mostrar-nos os lugares luminosos da beleza.

A – O ALFABETO DAS BORBOLETAS

O DESENHO PARA COMUNICAR

para
para perguntar
para responder
para dialogar
para suscitar emoções
para expressar emoções
para revelar e para esconder
para ver e para deixar-se ver
para contar e para fazer contar
para criar um mundo fantástico
para revelar vizinhanças e distâncias
para encontrar o próprio ritmo
para divertir-se e para divertir
para usar mãos e olhos
para deixar um traço
para criar movimento
para ocupar um espaço
para ocupar um tempo
para presentear imagens
para despertar a fantasia
para despertá-la de novo
para ficar curioso
para rir
para gritar
para cantar
para dançar
para correr
para sonhar
para ser únicos
para colorir o mundo
para descobrir a própria vontade de pintar

....

E muitas outras razões para desenhar...
Vanna Puviani

TERCEIRA PARTE

A AÇÃO DA FORMAÇÃO

CAPÍTULO 11

A transformação das histórias das crianças graças à transformação das histórias dos adultos

A história de diversos grupos
De terapeutas e de educadores
À procura da própria criatividade

As vias dos cânticos

Abro este capítulo com o título de um livro bastante conhecido de Bruce Chatwin, no qual se fala dos aborígenes australianos, segundo os quais sua terra estaria atravessada por estradas invisíveis, que podem ser percorridas apenas quando se conhece um cântico, que serve de guia.

"Os mitos aborígenes sobre a criação falam de legendárias criaturas totêmicas que, no Tempo do Sonho, tinham percorrido o continente por todos os quadrantes, cantando o nome de cada coisa com que se defrontavam – pássaros, animais, plantas, rochas, poços – e com seu canto tinham feito que o mundo existisse."

... "O que você está cantando?" ... "Um cântico que faz brotar o país, chefe. Faz com que ele saia mais rápido." ... "Os aborígenes não acreditavam na existência do país enquanto não o vissem e cantassem."[67]

Esse *cântico* serve como pano de fundo para toda a obra, porque assim me agrada imaginá-la.

Nós também passamos a *nomear* as coisas e a *desenhar* os símbolos para criá-los, para buscar, junto a tantos interlocutores, *seu canto* e, assim, o *seu caminho*, que se perdeu, tornando-se invisível.

A mesma palavra *canto* tem algo a ver com a palavra *encantamento*, tal como *cantar* tem a ver com *encantar*, como uma prática

---

[67] CHATWIN, Bruce. *Le Vie dei Canti* (1987). Adelphi edizioni, 1999, p. 11, 27.

encantatória, uma ação especialíssima que se exercia sobre uma pessoa exatamente com a ajuda do canto.

Encantamento, em francês, se diz *charme*, entendido como força enfeitiçadora da música, na qual existe alguma coisa que recorda o fascínio encantatório da magia.

Nós passamos a colocar em movimento histórias estáticas, para encontrar-lhes o ritmo e a melodia, e nos dedicamos a dar voz a histórias mudas, a fim de que se pudesse ouvir o seu canto!

Por cores e símbolos, que servem de fundo para todas as artes, fomos primeiro desenhar, depois narrar e, enfim, cantar suas histórias especiais, para fazê-las existir e torná-las visíveis para elas e para o mundo inteiro.

Os próprios alunos, por meio dos exercícios durante os cursos, puseram-se a *cantar*, isto é, a *nomear* e *desenhar* o nome das coisas, para fazê-las existir, para revitalizá-las, para percorrer novos caminhos de conhecimento.

A arte de curar por meio da arte pode ser aprendida

Este foi o desafio inicial, proposto com os "Cursos sobre o uso orientado do desenho" e com os Laboratórios. De resto, é a arte em si que transforma quem a propõe, quem a recebe e quem a observa.

Cada grupo de formação é partilhado com profissionais e estudantes que estavam à procura das cores adequadas com as quais pintar a própria vida profissional e vieram aprender o método capaz de fazer as cores se acenderem nos próprios interlocutores.

Eu, no papel de coordenadora, ou de folha branca, para lhes oferecer: tudo a ser pintado, tudo a ser preenchido, em companhia de uma caixinha de cores que estimula, que atrai, que move suas mãos e sua fantasia. E o jogo está feito!

O encontro entre as diferentes criatividades acontece rapidamente e contagia, e une e prepara o grupo de trabalho para receber os desenhos dos protagonistas de nossas histórias, para fazê-los sair de suas individualidades sofredoras e levá-los a entrar no interior de uma trama que transforma as dores, sempre em branco e preto, em narrativas poéticas em cores.

Em todos os casos, cada garoto se manifesta no desenho com *qualidades*, *sonhos* e *necessidades*, apenas para reconhecê-los e reutilizá-los, amplificados, a fim de que tome consciência deles.

Se e quando o garoto se reencontra com suas qualidades, pode encontrar sua estrada aberta e ampla, onde está a capacidade de *escolher*, que irá substituir a estrada fechada e estreita do *sofrer*.

O *encontro* entre *nossas* propostas e as propostas do menino irá criar um entrelaçamento e uma transformação de todas as *nossas* histórias, das crianças e dos adultos, que são, no final, habitadas por princesas e galeões, golfinhos curadores e lobos mansos!

E, seguramente, esta é uma nova história a ser habitada!

É uma história na qual todas as magias são possíveis, basta querer, se confiamos nos nossos poderes e dos outros, que sempre podem ser procurados e encontrados, despertados e redespertados, porque estes são os poderes da arte, desde sempre, e assim são também os poderes da *arte de curar com a arte*.

No grupo em formação, chega-se a criar um clima de bem-estar em que todos os participantes, sem maiores distinções entre curadores e curados, entre formadores e formados, entram em jogo para despertar emoções, para expressar emoções e para suscitar emoções.

À procura de quê?

Em busca da beleza

A *beleza* entendida como "estado de graça", à moda de Bateson, isto é, como harmonia, como integração, como correspondência entre mundo interior e mundo exterior, que se criam cada vez que se ativa um diálogo entre a criança e um tema da natureza, e desse encontro nasce ou é despertada uma dinâmica: a força, a coragem, o calor. E quando as belezas naturais se encontram com as belezas da natureza humana, o resultado é o bem-estar.

A *beleza* no sentido filosófico do termo, como doutrina do belo: nós a buscamos e encontramos. Criamos belas histórias, que eram assim porque assumiam uma forma, a *sua* forma pessoal.

Que coisa é o belo? É um objeto que assume forma, é um sujeito que dá forma; o belo está ligado ao fazer e ao ver, está ligado a um nascimento, está ligado à criação.

É a *Pietà* de Michelangelo: uma figura prisioneira dentro da rocha, que ele libera esculpindo o supérfluo da matéria que a encerra, e ela sai em toda a sua beleza.

É uma obra de arte qualquer, que nos emociona e nos envolve.

O belo é uma intuição de uma imagem do terapeuta e a intuição de uma ideia da criança; é a genialidade que cria a unidade entre diversas partes antes desagregadas, ou que dá forma a algo informe, e que assim se torna capaz de excitar, e o resultado é a surpresa.

A *beleza* no sentido psicofísico do termo, isto é, no sentido de uma sensibilidade estética, até mesmo aquela que passamos a experimentar. Entendendo por *estético*, com Bateson, a sensibilidade não por um objeto colocado fora de mim – uma rosa, por exemplo, ou uma turma de alunos –, mas a sensibilidade a uma forma mais ampla que inclui tanto o objeto como a mim mesmo. Quando sentimos que "isso me agrada" ou "isso não me agrada" – uma rosa, por exemplo, ou uma turma de alunos –, não se trata de uma questão de gosto pessoal. É o tomar corpo, por meio de nosso corpo, de regras do jogo interativo do qual fazemos parte. Trata-se de minha relação com a rosa, minha relação com a classe: a *coconstrução* de certas atmosferas.

Assim, estamos refletindo sobre a capacidade de conhecer através das sensações. Aquelas sensações que nos dão os olhares, os sons, as cores, a voz, os gestos... isto é, aquelas sensações que passam pelo corpo.

Essa capacidade *estética*, que nos torna sensíveis, vai substituir o estado *anestético*, aquele que nos torna insensíveis; este último é o estado que favorece o nascimento das doenças psicossomáticas, das dependências, dos sofrimentos psicológicos.

A função da arte é exatamente a de nos despertar do torpor típico do estado anestético, para ativar nosso natural estado sensível, isto é, estético.

Nossos garotos, e com eles os educadores e terapeutas, todos nós, temos tido uma experiência *estética*, e o meu objetivo é exatamente o de favorecer a saída do estado anestético anterior, de sofrimento, para estimular, pelos sentidos, o contato do mundo interior com o mundo exterior.

A beleza, como *sensibilidade estética*, foi ilustrada de maneira brilhante por um estudioso de Bateson, que nos traduz essa ideia ao dizer que "o terapeuta-artista participa do diagnóstico e da terapia com modalidades *estéticas*, isto é, através de percepções e ações fundadas sobre sensibilidade estética". [68]

E então poderá ver as coisas através do *filtro criativo* que o mesmo Bateson identifica como a *guitarra azul*. "A guitarra azul do

---

[68] MADONNA, G. 2003, p. 6.

terapeuta artista, entretanto, exatamente como a do poeta, soa melhor e alivia a dor... soa melhor porque *ressoa* aos sons de outras guitarras: em harmonia com essas ressonâncias, ele pode *dançar* a sua intervenção."[69]

Nosso terapeuta faz a opção de oferecer ao garoto tudo o que pode conquistá-lo para colocá-lo em comunicação com o mundo: a beleza da natureza, a beleza dos objetos, a beleza das cores e da luz, a beleza de um cântico desenhado e, assim, evocado, ou de uma música executada e por isso sentida dentro de si mesmo, ou a beleza do movimento livre dos animais.

Todos os sentidos da pessoa são solicitados pela beleza da arte ou pelas belezas da natureza.

A beleza salvará o mundo – nos dizem as palavras de Dostoievski.

Mas *o belo* que cura, como eu dizia, passa por nossa percepção do belo, assim como a música que comove é aquela em que nós nos reconhecemos.

A cura estética

Ela passa necessariamente pela experiência em primeira pessoa que a curadora ou o curador terá, de autorreconhecimento da própria dimensão estética, por meio de exercícios individuais no grupo, onde ele irá conhecer as próprias formas e as próprias cores, irá reconhecer a própria criatividade.

E o resultado é que não somente o terapeuta, mas um coro de *terapeutas-artistas* fica comprometido com o garoto, por ele, para receber mensagens que permitem oferecer-lhe as melhores respostas e propostas, com o objetivo de convidá-lo a ser novamente estético e sensível ao prazer.

Tudo isso, para mim, significa *dançar a intervenção*, em harmonia e respeito aos temas e aos tempos do garoto. E uma história escrita a várias mãos, recontada a várias vozes por diversos cantores curadores, soa de modo diferente de uma única história escrita ou narrada por um único terapeuta: será uma história completamente diferente!

---

[69] MADONNA, G. 2003, p. 72-73.

Assim pode nascer aquela *narrativa ecológica* que é imediatamente reconhecível, porque é envolvente, convida-nos a entrar no jogo, e se aceitamos o convite, é porque estamos *de acordo*, isto é, em harmonia com essas forças vitais, sensíveis, estéticas.

O objetivo,

com os cursos, é o de criar um clima em que o autoconhecimento se entrelace com a competência profissional que o grupo irá adquirir.

O efeito

é costumeiramente *estético*, isto é, o de viver *juntos* uma experiência de prazer, ou seja, de encontro com a beleza, que pode transformar um profissional da terapia em pessoa que consegue estabelecer uma comunhão e uma grande cumplicidade na relação terapêutica.

Formar grupo

é a primeira fase, com os rituais do encontro, e os tempos e os espaços definidos, e os rituais das expectativas e das curiosidades, acesas pelas histórias em ato.

Manter o grupo

é a segunda fase, como se o grupo tivesse encontrado uma identidade criativa, que depois, automaticamente, devia conservar-se no tempo e ser utilizada, pois propicia bem-estar e favorece aprendizagens sempre novas.

Tornar-se livro

será a fase seguinte, amadurecida com o desejo de tornar visível o próprio trabalho, fazê-lo iluminar e tornar visível a beleza!

Tornar-nos autossuficientes

e autônomos foi ainda outra fase, com um objetivo que começou a se concretizar, com a saída dos diversos profissionais do contexto do Curso, para que eles passassem a fazer escrever e desenhar e cantar muitas histórias mudas e escondidas de crianças que sofrem. Agora, podemos sair com as próprias maletas, cheias de ideias e de entusiasmo, a colorir o mundo.

O que assistimos?

Com esses grupos de trabalho e de pesquisa, é como se fosse realizada a invenção de um novo tipo de profissional e um novo tipo de paciente, de uma nova linguagem, novas grades de referência para ler os acontecimentos, de novos instrumentos de trabalho e novos rituais que orientam o encontro terapêutico.

Faço votos de que tudo isso possa favorecer o nascimento de uma nova criatura, como se fosse um novo capítulo da psicologia clínica, que ilustra a *arte de curar com a arte*, bem teorizado e prenunciado por Bateson. Agora, o processo é o da *autocura*, que o terapeuta pode aprender a ativar, indo despertar os recursos naturais do sujeito mediante os recursos vitais da natureza; e o desenho é apenas um entre muitos modos de reevocar imagens internas e imagens externas para favorecer a sintonia com a própria imagem do mundo.

Tenho um agradecimento especial a todos os estudantes e profissionais que, cheios de curiosidade, vieram buscar as próprias cores e as próprias formas, para conhecê-las e reconhecê-las, porque assim pude realizar o meu sonho e o deles: o sonho de colorir, escrever e conhecer muitas histórias!

Meu sonho como terapeuta?

Eu, apaixonada cantadora de histórias, procurei, nestes anos, tecer os fios adequados que servem para cada história, única e sempre nova, para aprender os segredos das tecelagens do sofrimento e da alegria, do não ser visto e do ser visto, para depois compor uma bela história, *bela* porque *personalizada*, e que se conta sozinho!

Meu sonho como formadora?

Nestes anos, procuro transmitir os segredos e a fascinação da criatividade a um grupo de alunos que, faço votos, levarão adiante o crescimento e a transformação de muitas outras histórias. Meu desejo é que minhas cantadoras de histórias, e seus correspondentes masculinos, se deixem convidar ao interior das histórias de seus interlocutores, agora sem medo delas, e assim continuem a criar! Para tornar visível a beleza e tornar toda pessoa atraente.

E também trocando nossas histórias, recontá-las aos outros profissionais interessados, é uma bela maneira para que se tornem um *cântico* e continuem a fazer o bem.

Nosso percurso, em síntese, é um itinerário na direção do pensamento da beleza.

Vivemos a procurar a beleza, onde quer que ela esteja!

Vivemos a recolher o extraordinário no ordinário, vivemos a colher a dimensão poética, a dimensão estética, a musical.

Vivemos, por meio das imagens, a entregar um sonho aos nossos medos, e então a escuridão é transformada em luz pelas estrelas que convidamos a habitar a folha, e as estrelas representam exatamente os sonhos que dormiam anteriormente em nosso interior!

Vivemos para despertar o estupor, a maravilha... para isso, devemos curar e cultivar e deixar livre a expressão do menino e da menina que existe em nós! E podemos deixar em repouso o adulto sábio, e fechar os livros que estamos lendo, e só podemos fechar aqueles que já lemos!

É mais ou menos como fechar os olhos, mas somente depois de ter visto! Para deixar-nos encantar pelas soluções que nossos interlocutores nos mostram, desde que nosso pedido venha com convicção!

E depois, olhar bem, para *enxergar*!

E nos desenhos e em suas narrativas, está aquilo tudo que nós e eles procurávamos.

Podemos ajudar os outros a descobrir a própria dimensão estética da experiência. A descobrir o belo que existe dentro e em volta deles e de nós!

É o convite a uma escuta criativa, a fim de que a pessoa não precise mais continuar a ter que escolher apenas entre adaptação e inadaptação, obediência e desobediência, mas possa contar-se pelas imagens e palavras e possa continuamente reinventar-se e transformar-se.

E sabemos como fazê-lo ou, seja como for, sabemos que podemos fazê-lo!

E agora, se optamos por olhar com os olhos da maravilha e da surpresa, aceitamos que nosso interlocutor nos surpreenda e maravilhe! E nos desestabilize! E desafie nossos diagnósticos que aprendemos através do manual!

Porque sabemos que, por trás da mostra, por trás do problema, por trás do sintoma, existe *sempre* o nosso herói a ser despertado e reconhecido para ir salvá-lo!

E no final, quando o herói sai revitalizado, estamos todos salvos!

Sua infantilidade, nosso profissionalismo, a beleza da harmonia recuperada!

Esse ritmo me recorda o *agir-pensando* de Mary Catherine Bateson, que ela entende como o ato de "compor uma vida no devir incessante de uma ética e uma estética". [70]

O *agir-pensando* de Mary Catherine Bateson agrada-me a ponto de utilizá-lo como metáfora dessa identidade-criativa, experimentada pelo grupo, porque dois tipos de ação estão ligados: o agir e o pensar sobre o agir, para criá-lo e recriá-lo continuamente.

Dentro do grupo, toda história foi pensada e repensada, escrita e reescrita, desenhada e redesenhada, até chegar a cada vez a uma resolução dela, isto é, a uma ativação de seu movimento interno que se havia bloqueado.

Esta experiência de trabalho-pesquisa acendeu minha curiosidade de terapeuta e de formadora e, devo dizer, também a curiosidade e a paixão de meus colaboradores e colaboradoras.

---

[70] BATESON, 1996.

CONCLUSÕES

"... Este quarto não tem mais paredes, mas árvores..."

O que foi que fizemos? Recolhemos histórias!

Comecei a acolher histórias, em cores.

E atraí outras histórias, outros curadoras e curadores curiosos, e com eles, outros jovens que vieram para contar.

Todos nós aprendemos a acolher histórias, vê-las, fazê-las ver, e depois recontá-las, a fim de que ainda outras se preparem para ser acolhidas, ouvidas e narradas.

E continuamos a buscar histórias e a procurar a melhor maneira de externizá-las, para que transformem os eventos, isto é, a sua percepção.

E vimos que nesse entrelaçamento de histórias nós mesmos entramos ali, nos alimentamos e saímos transformados!

Por que essa transformação?

Talvez porque talvez seja este o poder da arte – o poder da *cura estética.*

A arte satisfaz as quais desejos e necessidades humanas?

Qual é o seu sentido? O seu significado?

Talvez, a vontade de expressar-se, que, pela arte é satisfeita de modo visceral, completo, seja ela a cor, o canto, a dança ou a música.

É a vontade de conhecer, externalizando o que se tem dentro: a alegria no coração, a alma sob sofrimento, a raiva no corpo ou ainda outra coisa.

É que todos esses canais funcionam como meios de comunicação: com a cor, com o gesto, com o canto, podemos externalizar as emoções, vê-las, mostrá-las e, sobretudo, suscitar emoções, evocar, sugerir... Este é o poder da arte: poder expressar e simultaneamente suscitar, chamar de novo para si, criando um diálogo íntimo e universal.

Esta é minha hipótese, esta é minha experiência

E com o desenho, nós começamos a tomar empréstimos de todas as artes, porque representar uma pessoa que canta é um pouco como cantar e despertar tanto aquele que canta como aquele que ouve, ou aquele que contempla essa imagem: esta é a *cura estética*, o despertar de todos os sentidos por meio do belo que o canto simboliza, sendo já o canto uma expressão artística.

Entretanto, em sentido geral, podemos dizer que todo o trabalho pode ser considerado uma *metáfora musical*, que serviu de pano de fundo para nosso diálogo, uma vez que nosso objetivo era exatamente colocá-lo em movimento e, assim, fazer ressoar partes do mundo interior desses garotos que se haviam bloqueado, fixado, e se tornaram mudos como um rádio desligado, ou invisíveis como páginas em branco.

Fizemos *ressoar* nossa *guitarra azul*, continuamente, para fazer soar e ressoar a guitarra azul deles.

Qual é o seu ritmo?

Perguntávamos isto ao nosso jovem e, juntos, íamos compor a nossa ópera.

E no final, íamos colher os frutos do percurso, nos quais cada um dos protagonistas havia escolhido o próprio movimento, o próprio ritmo, a própria música.

Nós, organizadoras e organizadores de eventos, que podemos chamar de sonoros, porque possuíam um ritmo próprio e uma melodia, espaços e tempos escolhidos, nós, artesãs e artesãos que, com nossos materiais, assim *soft*, como o nosso programador de computador, que trabalha sobre a matéria mais *soft* [*software*] do mundo, também nós, com nossos instrumentos, saíamos a fazer pesquisas, porque estávamos em busca do novo que aquela história ocultava.

Em toda construção de história, assim era e assim se pesquisava.

Pesquisa sobre o quê?

É a busca da sua história, da nossa, da vossa, da história deles.

É a busca de sentido, de *sound*, diríamos, com a linguagem musical.

Para ilustrar a ideia do *sentido* com maior facilidade, tomo em empréstimo um motivo extremamente simples, quatro notas: o famoso *Ta ta ta tãa* da Quinta Sinfonia de Beethoven.

Na época, perguntaram ao autor o que significava aquele ataque: ele respondeu com a frase que se tornou famosa: *É assim que o destino bate à porta.*

Assim ele interpretava a sua música. E nós? Como nós a sentimos? Seguramente, em diferentes níveis de sentido.

Ta ta ta tãa... são impulsos sonoros cheios de força. É energia que explode;

Ta ta ta tãa... são golpes, três mais um, uma sequência bem definida. Se nos apoiamos sobre esta imagem, podemos perguntar-nos: experimentamos uma série de golpes semelhantes, assim próximos e repetidos?

Por exemplo, quando se bate à porta; talvez seja isso que Beethoven representou: o bater à porta, com a inquietude de que está na expectativa de um encontro, de uma abertura.

O ato de bater à porta daquele que está na expectativa de algo grandioso que acontecerá a seguir, é o movimento titânico do homem que luta contra o destino, é como a primeira fase de um diálogo: a chamada, que dá passagem aos eventos seguintes.

Ta ta ta tãa... esse gesto musical, que precede e coincide com o gesto da mão sobre a maçaneta da porta, gesto que já evoquei.

Aquela casa, a *nossa casa*, usada como metáfora de todo o nosso percurso psicológico e emotivo, na qual se *entra* desde o momento em que nascemos, para encontrar proteção e intimidade, e da qual se *sai* para encontrar o crescimento e a imensidade.

A gente entra e sai pela porta, pelo *Ta ta ta tãa...* por um chamado forte, às vezes violento, doloroso, mas indispensável.

E nós acolhemos jovens catapultados para fora de suas casas, para ir à procura, para sair procurando outras portas que serão abertas, para bater nas portas certas, para continuar buscando... de algum modo, para conhecer a abertura.

O importante é não permanecerem fechados dentro de casa ou fora de casa.

Fomos abrir portas para religar o *dentro* com o *fora*: esse era o nosso intento – a *ouverture*, o *Ta ta ta tãa...* ao qual faríamos seguir a própria composição, que agora se tornava possível, visível, audível.

E essa *ouverture* quer ser a metáfora do trecho de abertura, do início, da introdução de nossas histórias

E utilizo outra metáfora musical, uma canção, para cantar e ilustrar o fechamento da história, isto é, o êxito que se esperava todas as vezes.

É uma canção que sempre amei, é a minha canção, que sempre cantei dentro de mim: *Il cielo in una stanza* [O céu em um quarto], de Gino Paoli.

Acho-a muito interessante, seja do ponto de vista poético, seja musical ou simbólico.

Quando estás aqui comigo
este quarto não tem mais paredes
mas árvores, árvores infinitas
quando estás aqui perto de mim
este teto violeta não existe mais

eu vejo o céu sobre nós
que ficamos aqui
abandonados
como se não existisse
mais nada no mundo
soa uma harmônica
parece-me um órgão
que vibra para ti e para mim
sobre a imensidão do céu
para ti e para mim
para ti e para mim
no céu.

Se acompanhamos o canto com a entonação da voz e as curvas expressivas do discurso, podemos observar que:

é como se existisse algo de arcaico nesta melodia, que bem representa as duas almas de nosso projeto:

de um lado, a *intimidade* recolhida, tranquila e cotidiana do *quarto* – "o teto, tu, me, nós, aqui, perto, a harmônica...";

do outro, o impulso, a expansão lírica na direção do *céu* – "árvores infinitas, mais nada no mundo, a *imensidão*, o órgão..."

Até o ponto em que os dois temas se integram, fundem-se, compenetram-se: o quarto não tem mais paredes, as árvores tornam-se infinitas, o teto se transforma em céu e a harmônica em órgão.

O céu está no quarto, é o quarto.

Esta me parece, por ora, a melhor metáfora de nossas histórias.

O céu entrou no quarto, é o quarto.

E ainda:

as árvores tornaram-se infinitas.

E agora aquela árvore torna-se novamente verde e aquele crescimento se torna infinito. E para concluir com:

a harmônica que se transforma em órgão.

Todo garoto encontra sua própria identidade ao encontrar o próprio instrumento, o próprio movimento, os próprios ritmos, a própria música.

Ele encontra a sua harmônica, ele começa a soar, a sentir-se, a ver-se com um papel.

E começa também a fazer-se ouvir e fazer-se ver.

Para chegar ao final glorioso, no qual, em cada caso, existe uma música que soa e ressoa e faz bem a eles mesmos e aos outros, aos próprios interlocutores, ao público presente em seu dia a dia, que agora pode pedir-lhes outros trechos, outros compromissos, outros modos de ser.

Com a chegada do público, a harmônica caseira se transforma em *órgão*, com uma música majestosa e solene, que abraça um grande público: abraça a todos nós que participamos dela, como compositores e como ouvintes.

É a música que agora pode atrair um público ainda mais imenso.

REFERÊNCIAS BIBLIOGRÁFICAS

ANDOLFI, M. *e coll.* (a cura di). *La coppia in crisi.* Roma: ITF, 1988.

BATESON, G. *Verso un' ecologia della mente.* Milano: Adelphi, 1972.

BATESON, G. (1979). *Mente e natura.* Milano: Adelphi, 1984.

BATESON, G.; BATESON, M. G. *Dove gli angeli estiano.* Verso un' epistemologia del sacro. Milano: Adelphi, 1989.

BATESON, M.C (1992b). *Comporre una vita.* Milano: Feltrinelli, 1989.

BENIGNI, R.; CERAMI, V. *La tigre e la neve,* Torino: Einaudi, 2006..

BOSCOLO, L., BERTRANDO P. *I tempi del tempo.* Torino: Bollati Boringhieri, 1993.

BOSCOLO L.;BERTRANDO P. *Terapia sistemica individuale.* Milano: Rafaello Cortina, 1996.

BOWEN M.; ANDOLFI M.; De NICHILO M. *Dalla famiglia all'individuo. La differenziazione del sé nel domande della felicita.* Millano:Rizzoli, 1979.

CAVAZZONI, E. *Il poema dei lunatici,* Milano: Guanda, 2008.

CECCHIN, G. *et al. Irriverenza, Una strategia per la sopravvivenza del terapeuta.* Millano: Franco Angeli, 1992.

CHEVALIER J.; GHEERBRANDT A. *Dizionario dei simboli,* Milano: Bur, 1986.

CSIKSZENTMIHALYI M.; ROCHBERG-HALTON, E. *Il significato degli oggetti,* Roma: Edizioni Kappa, 1986.

DAY, C. *La casa come luogo dell'anima* (trad. Di B. Lepori dall' originale inglese *Placet of the Soul,* 1990). Millano: Boroli Editore, 2005.

De ANDRÉ, F. *Come un'anonimalia.* Torino: Einaudi, 1999.

DEMETRIO, D. *Raccontarsi. L'autobiografia come cura di sé.* Milano: Raffaello Cortina, 1996.

DEREGIBUS, E. *Dizionario completo della canzone italiana.* Frienze: Giunti, 2006.

Di BENEDETTO *et al. La creatività nella stanza d'analisi Marion Miller 1900-1998,* Bologna: CLUEB, 2003.

DICKINSON, E. *Poesie.* Milano: Mondadori, 2005.

DOSTOEVSKIJ, F. M. *L'idiota,* Milano: Feltrinelli 2002.

ERIKSON, M.H *La mia você ti acompagnerà,* Roma: Astrolabio, 1983.

FERRUCCI, P. *La bellezza e l'anima.* Milano: Mondadori, 2009.

FORMENTI, L. *Adultità femminile e storie di vita*. Milano: CUEM, 1997.

FORMENTI, L. *La formazione autobiografica*. Confronti tra modelli e riflessioni tra *teoria* e prassi. Milano: Guerini Scientifica, 2000.

FORMENTI L. La relazione professionale tra esperienza e cura. In: L. FORMENTI, A.; CARUSO, D. Gini (a cura di). *Il diciottesimo cammelo. Cornici sistemiche per il counselling,*. Milano: Rafaello Cortina, 2008. p. 3-32.

FORMENTI, L.; GAMELLI, I. *Quella volta che no imparato*. La conoscenza di sé nei luoghi dell'educacione. Milano: Rafaello Cortina, 1998.

GAMELLI, I. *Sensibili al corpo*. I gesti della formazione e della cura. Roma: Meltemi, 2005.

GARCÍA LORCA, F. *Tutte le posie (Ricordo),* Milano: Garzanti, 1975.

GIBRAN, K. G. *Il profeta*. Milano: Guanda, 1977.

GRECO, O. *La doppia luna*. Test dei confini e delle appartenenze familiar. Milano: Vita e Pensiero, 1999.

HALEY, J. *Terapie non comuni*. Tecniche ipnotiche *e terapia della famiglia*. Roma: Astrolabio, 1976.

HALEY, J. *La terapia del problem-solving*. Nuove strategie per una terapia familiare efficace. Roma: NIS, 1985.

HEIDEGGER, M. *In cammino verso il linguaggio*. Milano: Mursia, 1959.

HILLMAN, J. *Re-visione della psicologia*. Milano: Adelphi, 1975.

HILLMAN, J. *Le storie che curano*. Freud, Jung, Adler. Milano: Raffaello Cortina, 1984.

HILLMAN, J. *Il codice dell'anima*. Milano: Adelphi, 1997.

HILLMAN, J. *L'anima del mondo e il pensiero del cuore*. Milano: Adelphi, 2002.

JUNG, C.G. *Tipi psicologici,* (1921), Torino: Bollati Boringhieri, 1968.

JUNG, C.G. *L'uomo e i stuoi simboli*. (1967) Milano: TEA, 1992.

JUNG,C.G. *Il problema dell'inconsio nella psicologia moderna*.Torino: Einaudi, 1967.

KAFKA, F.; POCAR; E. *Confessioni e diari*. Milano: Mondadori, 1972.

KANDINSKY, W. *Lo spirituale nell'arte*. Milano: Bompiani, 1993.

KAVAFIS, C. *Settantacinque poesie*. Traducione di N. Risi e M. Dalmata. Torino: Einaudi, 1992.

LAI, G. *La conversazione Felice*. Milano: il Saggiatore, 1985.

LEOPARDI G.. *I canti (XXIII)*.

LORENZETTI, L. M. (a cura di). *Il pensiero della bellezza,*.Milano: Franco Angeli, 1999.

MADONNA, G. *La psicoterapia attraverso Bateson*. Torino: Bollati Boringhieri, 2003b

MASTER E. Lee (a cura di A. Porta)., *Antologia di Spoon River*. Milano: Mondadori, 1992.

PAMUK, O. *Il mio nome è rosso*. Torino: Einaudi, 2005.

PINKOLA, ESTÈS, C. *Donne che corrono coi lupi*. Il mito della dona selvaggia. Torino: Frassinelli, 1993.

PINKOLA ESTÈS, C. *La danza delle grandi madri*.Torino: Frassinelli, 2006.

PUVIANI, V. *Le storie belle si raccontano da sole*. Il disegno per comunicare con il bambino e per curare le sue ferite. Azzano San Paolo (BG), Junior, 2006.

RIZZI, G. *Abitare ed essere*. Milano: LED, 1996.

SAINT-EXUPÈRY, A. De. *Il piccolo príncipe*. Milano: Bompiani, 1943.

SCHINCO, M. *O divina belezza... o meraviglia* – uno psicoterapeuta ascolta Turandot, Milano: Carabà Edizioni, 2002.

SCHINCO, M. (), *ARIA SULLA IV CORDA. La psicoterapia in tensione tra cielo e terra*. In: CAPELLO, C. (a cura di). *Canti d'Amore*. Torino: U. Rosenberg, 2005.

TELFENER, U. (a cura di M. Wite) (1992), *La terapia come narrazione. Proposte clinche,* Roma, Astrolabio.

WINNICOTT, D.W. *La famiglia e lo sviluppo dell'individuo*. (1950) Roma: Armando, 1970.

WINNICOTT, D.W. *I bambini e le loro madri*. Milano: Rafaello Cortina, 1987.

WINNICOTT, D.W. *Gioco e realità*. Roma: Armando,2005.

WITAKER, C. A.; BOMBERRY, W. M. *Danzando con la famiglia*. Roma: Astrolabio, 1989.

Relação

BIANCARDI, M. *Bateson e il sacro*. Intervento di Bateson alla "Second Conference on Mental Health in Asia and Pacific", tenutasi nel 1969 alle Hawaii.

25% dos direitos autorais sobre a venda deste
livro serão doados à
Associação Brasileira Terra dos Homens.